Ullstein

ÜBER DAS BUCH:

Eine rätselhafte Welt tut sich auf, wenn beim Makumba auf Haiti oder in versteckten Wäldern bei Rio Trancetänzer in rasendem Rhythmus magisches Pulver stampfen, wenn bei den Eskimos nachts die Seele des Schamanen auf die Reise geht. Der elementare Wunsch des Menschen, sich vor Unheil zu schützen und Gefahren zu bannen, drückt sich in diesen Riten aus. Auch in unserer zivilisierten Welt finden sich Überreste des Aberglaubens. Während aber bei uns das Verhältnis zu den Geistern und Dämonen zum formalen Gebrauch von Talismanen verkümmert ist, sind bei den Naturvölkern Überlieferung und Abwehrzauber, Opferriten und der Glaube an eine beseelte Natur geblieben. Heinrich Harrer, einer »der letzten Abenteurer von wissenschaftlichem Rang« (F. A. Z.), hat auf seinen Reisen zahlreiche geheimnisvolle Orte besucht und in diesem Buch faszinierende Erkenntnisse über das Wesen des Geisterglaubens vorgelegt.

DER AUTOR:

Heinrich Harrer wurde 1912 in Hüttenberg/Kärnten geboren. Neben seiner Tätigkeit als Lehrer für Turnen und Geographie war er ein begeisterter Bergsteiger und Skiläufer (1936 Mitglied der Olympia-Mannschaft). Als Bergsteiger gelangen ihm auch weiterhin beachtliche Erfolge wie z. B. im Sommer 1945 die Erstbesteigung einiger alaskischer Bergriesen. Zahlreiche Expeditionen brachten ihn in alle fünf Kontinente. In mehr als 30 Fernsehsendungen berichtete er über diese Abenteuer. 1958 wurde er österreichischer Golfmeister. 1982 erhielt er das Große Bundesverdienstkreuz.

Weitere Veröffentlichungen:
Geheimnis Afrika (1979); *Huka-Huka* (1979); *Ladakh* (1980); *Meine Forschungsreisen* (1980); *Die letzten Fünfhundert* (1983); *Wiedersehen mit Tibet* (1986); *Die letzten Paradiese der Menschheit* (1986); *Das Buch vom Eiger* (1988); *Sieben Jahre in Tibet* (14. Aufl. 1992).

Heinrich Harrer

GEISTER UND DÄMONEN

Magische Erlebnisse in fernen Ländern

Ullstein

Sachbuch
Ullstein Buch Nr. 35336
im Verlag Ullstein GmbH,
Frankfurt/M–Berlin

Ungekürzte Ausgabe
Mit 31 Abbildungen und zahlreichen
Zeichnungen

Umschlagentwurf:
Dietmar Suchalla
unter Verwendung eines Fotos
von G. Holton/ZEFA
(© by G. Holton/ZEFA)

Printed in Germany 1993
Gesamtherstellung:
Clausen & Bosse, Leck
ISBN 3 548 35336 3

Oktober 1993

Gedruckt auf alterungsbeständigem
Papier mit chlorfrei
gebleichtem Zellstoff

Die Deutsche Bibliothek –
CIP-Kurztitelaufnahme:

Harrer, Heinrich
Geister und Dämonen: magische
Erlebnisse in fernen Ländern
/Heinrich Harrer.
– Ungekürzte Ausg. –
Frankfurt/M; Berlin: Ullstein 1993
(Ullstein-Buch;
Nr. 35336: Sachbuch)
ISBN 3-548-35336-3
NE: GT

Vom selben Autor
in der Reihe
der Ullstein Bücher:

Sieben Jahre in Tibet (23095)
Wiedersehen mit Tibet (23157)
Huka-Huka (32013)
Ladakh (32016)
Die weiße Spinne (34612)
Die letzten Fünfhundert (32057)

INHALT

DER ABERGLAUBE IST DIE POESIE DES LEBENS

Goethe, Maximen und Reflexionen,
aus Kunst und Altertum 1823

Riesenhaft ist die Erde, unerschöpflich ihre Vielgestalt, undurchschaubar die Unterschiedlichkeit der Kulturen, die sich Menschen auf ihr errichteten. Und doch ist, bei aller Verschiedenartigkeit, eines, das alle kulturellen Schichten durchformte, überall zu finden: der Wunsch des Menschen, sich vor drohendem Unheil zu schützen, Gefahren zu bannen, Kraft und Heil zu sichern und zu mehren. Ob in den Steinmauern von New York oder in der Hütte der Papua auf Neuguinea, überall finden sich Zeichen und Bilder für dieses Streben nach Wahrung des Glückes und Abwehr des Bösen.

In vielen Reisen lernte ich einen großen Teil unserer Erde kennen. In allen Erdteilen habe ich mit den Menschen zusammengelebt, kreuz und quer fuhr ich durch die modernen Länder der Welt, besuchte historische und legendäre Stätten, hackte mir einen Pfad durch dichte Urwälder und entdeckte Eingeborenenstämme, die noch nie einen Weißen gesehen hatten. Auf allen meinen Expeditionen kam ich mit den Zeremonien und Beschwörungen in Berührung, mit den Abwehr-, Förderungs-, Trutz- und Schutzmitteln gegenüber der Welt der Geister, Dämonen, Teufel und unfaßbaren Kräfte und Mächte. Ich habe meine Eindrücke nach diesem Gesichtspunkt zu ordnen versucht, und es wurde eine kleine Kulturbilanz des Glaubens und Aberglaubens, von geheimnisvollem Wissen um Kräfte im

Menschen und in den Dingen, die ihn umgeben, von geistloser Anwendung hehrer Symbole, frommem Sich-Anheimstellen an die Gottheit, überheblichem Machtbewußtsein und perfidem Betrug, deren Grenzen sich so oft verwischen, untermalt von Geschichten, die ich erlebte, und Beschreibung von Gegenständen, die ich sammeln konnte. Gegenstände, angefangen vom wertvollen chinesischen Dachreiter aus Porzellan bis zum kleinen Lederamulett aus Afrika, in dem die wunderwirkenden Haare und Fingernägel eines Medizinmannes eingenäht sind. Heute besitze ich eine ansehnliche Sammlung von Amuletten und Talismanen, die am Körper getragen wurden, in und an Häusern angebracht waren, die Scheunen, Ställe, Backöfen, Schiffe und Fahrzeuge zierten, die auf den Feldern und Wäldern Wache hielten. Es war nicht leicht, diese Gegenstände zu erwerben, denn wer verkauft schon seinen Talisman, von dem er überzeugt ist, daß er ihm Glück bringt und ihn beschützt! Nur meine Erfahrung im Umgang mit den verschiedensten Völkern half mir immer wieder zu erreichen, daß sich die Leute von einem ihrer Schutzzeichen trennten. Manchmal allerdings hatte ein Zaubermittel seine Aufgabe schon nach kurzer Zeit erfüllt, und ich

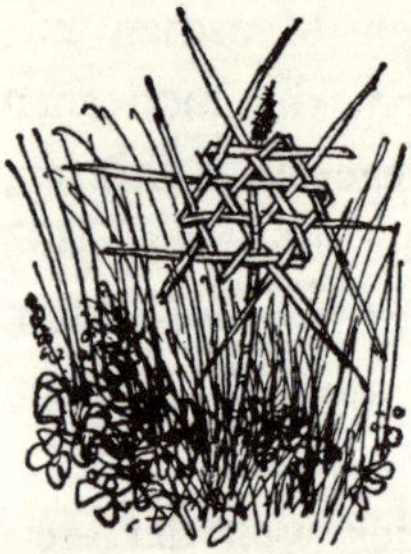

konnte es dann ohne weiteres erwerben. So entdeckte ich auf dem Marsch von Chiang Mai, der größten Stadt im Norden Thailands, zum Stamm der Karen auf einem Reisfeld ein wunderschönes Fadenkreuz aus Reisstroh. Es war eine geometrische Figur. Der Bauer hatte es selber angefertigt und dabei ein Opfer gebracht. Er nannte es *Talaeo* (Taläo). Das Darbringen des Opfers und das Errichten des Fadenkreuzes ist eine heilige Begehung, durch die das Feld vor den Luftgeistern, die eine Überschwemmung bringen könnten, beschützt wird.

Ganz ähnliche *Gebilde aus Getreidestroh* werden in Irland gebraucht. Sie sind an Ställen und Häusern angebracht, um den Geistern zu wehren und Segen zu bringen.

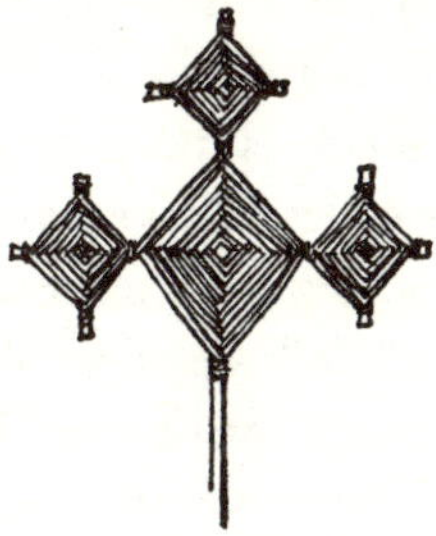

In den deutschsprachigen Alpenländern wurden Flechtwerke meist aus Kienspänen, in denen *kreuzförmige Verpflechtungen* eine zentrale Figur bilden, gegen Hexen und Druden an die Türen von Ställen und Almhütten geheftet. In Ägypten und auf dem Balkan sieht man *viereckige Geflechte* aus Getreidehalmen, deren Saum durch die schweren Ähren gebildet wird. Auch sie gelten vielfach als Schutz- und Segenzeichen. Flecht- und Knotenwerken werden wir als Brauch-, Sinn- und Schutzzeichen überall auf der Welt begegnen. Die interessanteste Ausformung hat dieses Brauchtum der Knoten- und Flechtamulette und -symbole in Tibet gefunden. Dort sind die *»Fadenkreuze«* weit verbreitet, die die Geister der Luft fangen oder verscheuchen sollen.

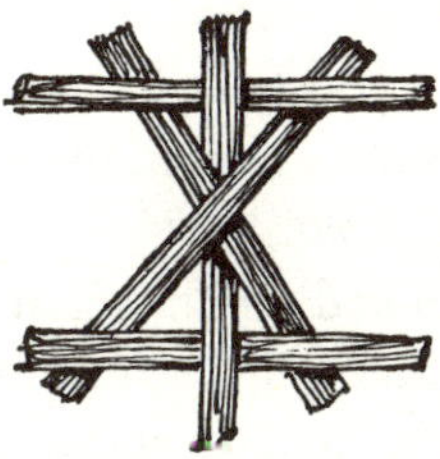

Als ich auf meiner Südostasien-Expedition das Talaeo auf dem thailändischen Reisfeld entdeckte, wagte ich gar nicht zu hoffen, dieses Gebilde aus Reisstroh kaufen zu können, doch bereitwillig gab es mir der Bauer. Das Strohzeichen hatte seine Aufgabe bereits erfüllt; denn hoch und kräftig stand das Getreide auf dem Feld, und die gute Ernte war durch nichts mehr gefährdet. Dieser Bauer war kein Siamese, sondern von Indochina eingewandert. Er handelte zusätzlich mit kleinen Gegenständen wie Streichhölzern, Seife und Tee. Als ich ihn nach wei-

teren Zauber- und Abwehrmitteln fragte, nahm er aus einer Holzkassette eine winzige Figur aus Elfenbein heraus. In hockender Stellung hielt die Gestalt eine Hand wie zur Abwehr erhoben. Er sagte, dies sei so etwas wie ein Schutzgott für Kaufleute. Vor allem Chinesen legen solche Figuren unter die Zunge, während sie Geschäftsverhandlungen führen. Sie sind überzeugt, daß diese Schutzfigur in ihrem Mund ihnen mehr Sprachgewandtheit gibt, so daß sie nicht übervorteilt werden und die Verhandlungen günstig verlaufen. In Chiang Mai konnte ich dann einen solchen Schutzgott aus Metall kaufen, auch aus Jade wurde mir einer angeboten.

War das alles Glaube? War es Aberglaube? War es gedankenlose Anwendung? War es ein Zeichen, das nur als Materialisierung einer Glaubensvorstellung, einer Idee, erlebt wurde? Ich mußte an die Palmsonntagszeremonien in den katholischen Ländern denken, wo der Priester die von den Gläubigen geschnittenen »Palmbäume« weiht und segnet und der Gläubige sie dann in die frühlingsfrische Erde steckt. Meistens besteht so ein *»Palmbusch«* aus blühenden Zweigen der Weide, aus Weidenkätzchen. In vielen Gegenden wird er aber noch mit »Immergrün«-Laub ausgeschmückt, etwa von der Stechpalme, vom Wacholder oder vom Buchsbaum. Außer auf den Feldern bewahrte man die Palmbüsche nach der kirchlichen Weihe auch in der Wohnstube oder unter dem Dach auf, um das Haus vor Blitzschlag und Ungemach zu schützen. Und ganz sicherlich vermischten sich auch hier christlicher Glaube, weltliches Symboldenken und quasinaturkundliches Wissen. Im Kräuterbuch des niederländischen Malers Hieronymus Bosch, der von 1450 bis 1516 lebte, ist

eine Buchsbaumlegende dargestellt. Man sieht den Teufel, wie er vor dem Buchsbaum die Flucht ergreift, und einen Hahn, der Teufel und nächtliche Geister mit seinem Schrei verscheucht.

In meinem Heimatdorf in Kärnten wuchs der Buchsbaum in jedem Hausgärtchen als Lebensbaum. Der Bauer, der mir auf meine Frage antwortete, warum an allen Häusern ein Buchsbaum stand, erklärte, man müsse doch auch im Winter »was Grünes« zur Hand haben. Wenn jemand in der Familie heiratet oder stirbt und alles mit Schnee zugedeckt ist, nimmt man vom Buchsbaum einige Zweige, und deshalb hat er auch die Bezeichnung »Lebensbaum«. So verschränkten sich Symbol und Glaubenszeichen: Das Sinnbild des ewigen Lebens wird mitunter zum wirksamen Mittel, das durch den Segen des Priesters Heil und Segen vermittelt oder aus eigener geheimnisvoller Kraft als wirksam erlebt wird.

Immer wieder habe ich beobachtet, wie sehr die Segen-, Schutz- und Abwehrzeichen und die entsprechenden Handlungsweisen in ihrer äußeren Erscheinung bei allen Völkern ähnlich sein können. Die Darstellungs- und Ausdrucksformen können sich gleichen und trotzdem auf verschiedene seelische und geistige Erlebnisse zurückzuführen sein.

Ohne Zahl sind zum Beispiel die magischen und heiligen Abwehrzeichen an Dächern und Türen. Vor allem dem Giebel des Hauses wird in Europa wie in der übrigen Welt besondere Bedeutung beigemessen. Ist er doch als gefährdetster Teil des Hauses den Stürmen, der Witterung und dem Vorbeiflug der Geister, den dämonischen Mächten der Lüfte am meisten ausgesetzt. Wie nahe lag es also, den Wind- oder Giebelbrettern, die dem First als Schutz gegen Unwetter und Stürme vorgesetzt wurden, eine Form zu geben, die auch gegen übernatürliche Mächte schützte. Wenn es aber einen Platz am Haus gibt, um Wissen und Willen von Glaube, Einsicht und Einstellung nach außen zu demonstrieren, dann ist es vor allem der Giebel und der First. Erst in zweiter Linie folgen Torbogen und Türsturz.

Vielfältig sind die symmetrischen, paarweisen Gegenüberstellungen: Adlerköpfe in Südtirol, Schwäne in Friesland, *Stierköpfe* in der Steiermark, Feuerbrände auf Island, *Kreuze* mit einem, zwei oder drei Balken in allen christlichen Ländern, Rehe in Tibet. Gekreuzte Pferdeköpfe krönen von Skandinavien, den nördlichen Ostseeinseln über Gotland, Pommern, Ostpreußen, Niedersachsen und Westfalen bis in das Münstertal der Schweiz als *kunstfertige Schnitzerei* die Dächer der Häuser.

Als ich im wildromantischen Schnalstal in Südtirol einen alten Bauern fragte, warum er denn Pferdeköpfe als Giebelzeichen hätte, gab er mir die kurze Antwort: »Die Rossen merken es zuerst.« Und mir fiel ein, wie oft man davon gehört hatte, daß in der Nacht, wenn ein Feuer ausgebrochen war, die schlafende Familie erst durch das Wiehern und Stampfen der Pferde im Stall auf die drohende Gefahr aufmerksam gemacht wurde.

Sicher wecken diese Giebelzeichen nicht mechanisch bei jedem die Vorstellung einer Schutz- und Trutzwirkung. Wie bei allen diesen Dingen bleibt die persönliche Erlebnisform offen. Und oft sind sie nur noch Zier und Schmuck und damit ein Zeichen für den Willen des Menschen, die Welt gestaltend und formend zur menschlichen Behausung zu wandeln und der inneren Bilderwelt sichtbare Gestalt zu geben.

WASSER UND BERGE THAILANDS

Wie mir schon von den weltberühmten schwimmenden Märkten in Bangkok her bekannt war, gibt es auf dem Menam-Fluß, und so auch in Chiang Mai, kleine, auf Pfählen aufgestellte Tempelchen für den guten Hausgeist. Jedes Haus, jeder Garten hat solch ein Tempelchen, und sie werden liebevoll von allen Familienmitgliedern betreut. Was schleppte man nicht alles dorthin! Jeden Tag brachten die Kinder frische Blumen, und immer opferte man etwas von den am Tage genossenen Speisen. Groß war die Vielfalt der kleinen Häuschen. Mein grellbuntes Hüttchen aus schwerem Gips, das ich in Bangkok gekauft hatte, wurde durch ein kunstvoll geschnitztes und phantasievoll verziertes Tempelchen, das ich hier in Chiang Mai erwarb, an Schönheit noch weit übertroffen. Neben den teuren kostbaren Tempelchen sah ich auch windschiefe, von der Witterung verfallene, aber auch sie waren immer mit einer Hibiskusblüte geschmückt, und Nahrung gab es reichlich für den Hausgeist unter dem Dach. Beide Arten hatten ihren Reiz, und ich fragte mich, wo sich der gute Hausgeist wohler fühlen würde.

Ich hielt mich im Norden von Thailand auf, weil es hier Völkerschaften gibt, die stammlich und sprachlich eng mit den Tibetern verwandt sind. Zuerst besuchte ich die Karen, in der Hoffnung, mich mit ihnen auf tibetisch unterhalten zu können. Aber leider haben sie durch die Abwanderung aus den oberen

Bergregionen nicht nur ihre vielen eigenwilligen charakterlichen Eigenschaften, sondern auch ihre eigene Sprache mit der der vorgefundenen Bevölkerung vermischt. Die Umsiedlung war von der Regierung sicherlich in bester Absicht veranlaßt worden. Aber das Ergebnis war nicht immer sehr glücklich. Sie leben jetzt in den Niederungen zwar bequemer, aber die von Generation zu Generation entfaltete, erfaßte und gestaltete Umwelt, die in Jahrhunderten entwickelten komplizierten Formen des Zusammenlebens in einer durch Natur und Überlieferung gegebenen und geformten Gemeinschaft sind abhanden gekommen und zerschlagen. Die Welt ihrer Ahnen existiert nicht mehr, und mit ihr scheinen die körperlichen, moralischen und geistigen Kräfte zu zerbrechen. Sie stehen auf der Straße und betteln, ja selbst die Kinder ließen sich nur gegen Geld filmen.

Ich strolchte den ganzen Tag umher, zum Teil zu Fuß und zum Teil auf rumpelnden unbequemen Ochsenkarren, denen ich zufällig begegnete. Ich unterhielt mich, so gut es ging, mit den eingeborenen Menschen, verbrachte manchen gemütlichen Abend mit den Bauern, mit dem zahnlosen Dorfältesten oder mit vorübereilenden Händlern.

Bei einigen Frauen entdeckte ich Tätowierungen an den Innenseiten der Beine vom Knöchel bis zum Knie, die ihnen der Medizinmann des Dorfes geritzt hatte, um sie beim Laufen im hohen Gras vor dem Biß der Schlangen zu schützen. Die Tätowierung bei den Karen mußte während einer bestimmten Mondphase vorgenommen werden, denn der Mond gilt als Quelle magischer Kräfte und ist ein Freund aller Medizinmänner und Zauberer. Sie beziehen von ihm ihre Zauberkräfte und erweisen ihm dafür ihre tiefe Verehrung. Ein gewisser Erwerbssinn ist dem Medizinmann allerdings auch nicht fremd. Damit er auf seine Kosten kommt, redet er den Leuten ein, daß die Tätowierung auf die Dauer als Schutz nicht ausreicht. Von Zeit zu Zeit bereitet er ihnen einen Zaubertrank, den sie schlürfen müssen, und natürlich läßt er sich dafür mit Naturalien bezahlen.

Der Medizinmann dieses Dorfes war eine fesselnde Persönlichkeit, und ich war begierig, von ihm etwas kaufen oder durch Tausch erwerben zu können. Ich suchte ihn darum in seiner alten Pfahlhütte auf. Es war nicht leicht, sein Vertrauen zu gewinnen, und in seinen Wohnraum, über dessen Eingang ein aus Stroh gefertigtes magisches Kreuz, ein »Talaeo«, hing, ließ er mich schon gar nicht hinein. Nach ein paar Minuten des Wartens kam er heraus und brachte einen Korb voll Amulette mit: Zunächst zeigte er mir eine Kette, die, wie er mir versicherte, mich gegen den Angriff eines Tigers schützen würde. Temperamentvoll schilderte er mir, wie seine eigene Kette – er trug fast die gleiche – ihm schon einmal das Leben gerettet habe. Die Kette, die er mir verkaufen wollte, sah kurios aus. Auf einer Faserschnur waren lauter kleine Bleiröhrchen aufgezogen, die sicherlich von einer Überlandleitung stammten. In den feuchten Tropen müssen die Drähte durch Bleimäntel geschützt werden. Erinnert man sich an das Geräusch eines »singenden« Telefondrahtes und bedenkt, wie mysteriös Bedeutung und Wirkung dieser zivilisatorischen Einrichtungen dem Unkundigen erscheinen müssen, kann man verstehen, daß die Leute ihn mit Zauberei in Verbindung bringen. Eine kleine Buddhafigur, die aus einem nahe gelegenen Tempel stammte, bekam ich noch zur Kette dazu, und sie bewies mir, wie sich die Naturreligion der Karen immer mehr mit dem Buddhismus, wenn auch nur in der oberflächlichsten Form, vermischt hatte. Ich lobte Kette und Buddhafigur und brachte das Gespräch dann vorsichtig auf seinen Zaubertrank, den er den Frauen mischte. Da wir völlig allein waren, hoffte ich, ihm doch ein paar »Rezepte« zu entlocken. »Die Pflanzen«, antwortete er endlich, »muß man unter ganz bestimmten Voraussetzungen pflücken, denn schließlich erwartet man ja sehr viel von ihnen. Man muß sie in der Nacht und unbedingt vor Sonnenaufgang holen, das helle Tageslicht macht die Zauberkraft zunichte. Auch die Mondphasen muß man kennen und beachten.« Ganz still und voll Bewunderung hörte ich ihm zu. Und als er meine Achtung sah, erzählte er weiter: »Am besten wirken die bei zunehmendem Mond gesammelten Pflanzen, und niemals darf man die Kräuter mit einem eisernen Werkzeug berühren, sonst verlieren sie ihre Kraft.« Ich spürte ganz deutlich, für ihn waren bestimmte Pflanzen, die der Heilung, dem Schutz und der Abwehr dienten, beseelte Wesen und der Sitz eines Geistes oder Dämonen.

Von den Karen ging meine Fahrt weiter nordwärts zur Grenze Birmas hin. Dort leben in den Bergen die Meo, die auch zu den birma-tibetischen Völkern zählen. Im Vergleich zu den Karen waren sie viel zurückhaltender, und sie erschienen mir schon physisch stark degeneriert. Ursache hierfür ist sicherlich der Genuß von Alkohol, Nikotin und vor allem des verhängnisvollen Opiums. Die Mohnblüte bauen sie auf verborgenen Feldern in den Bergen an und stellen selbst das Opium her, dem sie meist auch verfallen sind. Natürlich verkaufen sie den größten Teil ihrer Ernte, und so ist die Gegend hier etwas gefährlich. Ich traf immer wieder auf bewaffnete zwielichtige Gestalten, die vermutlich einem Händlerring angehörten.

Außerhalb eines kleinen Dörfchens sah ich ein junges Mäd-

Rechte Seite oben:
Häuschen für den guten Hausgeist in den Klongs von Bangkok. Man trifft sie überall in Thailand und Kambodscha zum Schutz des Hauses und der Familie an.

Rechte Seite unten:
Magisches Abwehrzeichen, das die Meo in den Bergen Nord-Thailands und Burmas an ihre Hütten heften.

chen in roten Hosen inmitten eines weißen Blumenmeeres stehen. Ich erkannte diese weißen faustdicken Blumen, Mohnblüten, aus deren reifen Samenkapseln das Opium gewonnen wird. In der Blütezeit sind die Blumen wunderschön. Es gibt neben weißen Blüten auch zinnoberrote und zart lilafarbene.

Als sie mich kommen sah, duckte sie sich erschreckt hinter die Blütenstauden, die ihr bis an die Hüften reichten. Ich rief ihr zu, sie möge keine Angst haben. Daraufhin tauchte sie wieder auf und war sehr erstaunt, daß ich so anders aussah als die Männer in ihrem Dorf. Ich wollte so gern etwas über ihre Arbeit erfahren, aber das Mädchen war sehr ängstlich. Ich mußte vorsichtig sein, damit sie nicht weglief. Langsam brachte ich das Gespräch auf die Blumen. »Wann werden diese Blüten schnittreif?«

Weit und breit war keine Menschenseele zu sehen. Das Dörfchen lag einen Kilometer entfernt auf halber Höhe des Berghanges. »Die Blütenblätter«, antwortete sie endlich und zeigte auf eine Mohnblume, »fallen in etwa einem Monat, zwischen August und September, ab. Der Kopf, das ist die Samenkapsel, wird dann größer und schwerer, bis ihn der Stengel kaum noch halten kann. Dann hängen die Köpfe traurig herunter und sind reif.« — »Und was geschieht dann?« — »Dann ritzt man sie — jeden Kopf für sich, täglich drei- bis viermal. So mit einem kleinen Messer. Dickliche Safttropfen kommen herausgeperlt, die auf ein Gummibaumblatt abgestreift werden. So macht man es etwa zehn bis vierzehn Tage lang, bis kein Saft mehr herauskommt. Es ist eine mühsame Arbeit, bis man den ganzen Saft aus den Kapseln eines so kleinen Feldes herausgeholt hat. Die ganze Familie arbeitet daran.« — »Wie viele seid ihr?« — »Oh,

Linke Seite:
Strohzeichen zum Schutz der Reisernte schmücken die Vorratshäuser auf Bali.

gar nicht so sehr viele, acht Brüder, fünf Schwestern, Vater und Mutter, dann noch Großeltern, einige Tanten, Onkel, Schwager und Schwägerinnen. Alle zusammen werden wir ungefähr dreiundzwanzig sein.« — »Und das nennst du eine kleine Familie?« Sie klärte mich auf, daß es hier in Thailand um so mehr Glück bedeutet, je größer und zahlreicher die Familie ist. Ihr machte es Spaß, mich über das in ihrem Sinne Selbstverständlichste zu belehren. Sie riß eine Mohnblüte ab und zeigte sie mir. »Ja, das ist schon eine Arbeit, jede Samenkapsel täglich drei- bis viermal zu ritzen. Dieses Feld hat vielleicht zehntausend Blüten.« — »Und was ist nun das Opium? Der Saft doch nicht?« erkundigte ich mich schließlich. »Doch«, antwortete sie etwas ungehalten über soviel Einfalt, »aber er wird erst in der Sonne getrocknet, bis nur noch der Opiumstaub übriggleibt, den wir an die Städter verkaufen.« — »Wieviel Opium wirft zum Beispiel dieses Feld ab?« — »Sehr wenig, nur eineinhalb Kilo. Aber jetzt muß ich gehen, meine Familie wartet mit dem Nachtmahl. Essen Sie doch mit«, lud sie mich plötzlich ein und lächelte mich an. Ich hatte Zeit, also folgte ich ihr bergan.

In der Hütte ihrer Eltern lag schon ein Mann auf der Erde und saugte gierig das Rauschgift ein. Zuerst waren die Leute erschreckt und wollten den Süchtigen vor mir verstecken. Aber als sie sahen, daß es schon zu spät war, versuchten sie mir zu erklären, der arme Mann habe entsetzliche Magenschmerzen, und das sei das Werk böser Geister; um sie aus dem Leib zu vertreiben, müsse er Opium genießen. Da der Opiumrausch zumindest in seinen ersten Phasen ein großes Wohlgefühl auslöst, kamen die Leute nicht mehr davon los, und oft redeten sie sich die Magen- oder sonstigen Schmerzen, die sie vertreiben wollten, nur ein, um immer wieder eine neue, meist größere Dosis zu nehmen. Unzählige Rauschgifte gibt es bei den verschiedenen Völkern; neben Opium vor allem Haschisch, Kokain und Betel.

Wie in jedem Haushalt der Meo, gab es auch hier kleine wohlklingende Bambusflöten, auf denen sie ihre einfachen Weisen spielten. Amulette trugen sie keine, nur an der Innenwand der Hütten sah ich kleine viereckige Gebilde, die einen großen magischen Wert haben mußten, denn ängstlich waren sie darauf bedacht, daß ich dieses Gebilde, das offensichtlich aus Rindenstoff gefertigt und mit Bast- oder Strohbändern zusammengehalten und verziert war, nur ja nicht anfaßte. Eines zu erwerben war völlig unmöglich. Ich war schon froh, in einem unbewachten Augenblick das Schutzzeichen fotografieren zu können. In Kopfhöhe darunter hatten sie an der Bambuswand Opfergaben auf einem kleinen Regal, das als Altar diente, ausgebreitet, die ich als ein paar Samenkörner und verwelkte Blüten erkannte. Sie standen in ihrer Armseligkeit in krassem Gegensatz zu dem ängstlichen Aufheben, das sie um diese Dinge in meiner Gegenwart machten.

Die Meo glauben an die Beseeltheit der Natur. Sie verehren weder ihre Toten noch ein göttliches Wesen, sie haben also auch keine Tempel und Götterfiguren; deshalb war auch das Innere der Hütten so armselig. Allerdings vertreiben sie die bösen Geister von den Toten, bevor sie begraben werden, wodurch sie auch die Lebenden vor Unheil zu schützen glauben. Dazu töten sie ein Huhn oder Schwein, aber das geopferte Tier wird nicht von der trauernden Familie gegessen, sondern von den Gästen. Die Meo, wie ihre Nachbarstämme, die Lisu, Yao und Akhar, fürchten jedenfalls geheimnisvolle Kräfte und Mächte, die den Menschen schaden könnten, und in jedem Dorf hat der Medizinmann vollauf zu tun, um mit seinen Sprüchen und Handlungen die bösen Einflüsse fernzuhalten.

Auch bei den Karen konnte ich die Vorstellung beobachten, daß Geister oder geheimnisvolle übersinnliche Wesen und Mächte dem Wasser, den Felsen, den Bäumen und Bergen innewohnen, sie können gut oder böse sein, und so opfert man ihnen auf Schritt und Tritt. Glaubt man, daß ein Neugeborenes endlich einen guten Schutzgeist hat, so bindet man einen Faden als Amulett um das Handgelenk, um ihn festzuhalten. Sie sind voll des Glaubens an die direkten Zusammenhänge aller Dinge, allen Tuns und allen Geschehens. Wurde zum Beispiel ein Rind von einem Tiger geschlagen, so verfolgen sie die Raubkatze nicht, denn es geschah ja nach dem Willen der Geister.

Das Fadenamulett ist eine höchst interessante Erscheinungsform der Abwehrzeichen. Es wird primitiv angewendet, ohne irgendwelchen bedeutungsvollen Hintergrund. Wir finden es auf der ganzen Welt immer wieder. Im alten Griechenland trugen vor allem Frauen und Kinder Fadenamulette mit zauberischen Knoten. In abendländischen Zauberbüchern wird empfohlen, bei besonderen Krankheiten einen roten Faden am Handgelenk oder um den Leib zu binden. Eine wesentlich andere Funktion hat der heilige Faden, die Brahmanenschnur, Upavìta genannt, die alle Angehörigen höherer Hindukasten tragen. Es ist ein Baumwollfaden aus drei Strähnen, der von der linken Schulter über den Leib zur rechten Hüfte läuft. Der heilige Faden ist das äußere und sichtbare Zeichen des Sutratman, des Geistfadens, an dem die individuellen Existenzen des Alls wie Perlen aufgereiht sind und durch den sie untrennbar mit ihrem Ursprung verbunden sind. Dieses Symbol trägt schon durch seine Bedeutung die Möglichkeit in sich, stärkend, fördernd und segenbringend zu wirken.

Sollten die Weihrauchkerzen des Dorfzauberers am Hausaltar nichts nutzen, dann opfert er ein kleines Schwein, bindet Fäden um den Hals oder an das Handgelenk der Kranken oder nimmt das magische Messer, um das Böse und die Feinde zu töten. Schweine schlachtet man allerdings sehr selten, ähnlich wie bei den Dani und Uhunduni, den Papua im Hochland von

Neuguinea. Der Zauberer wird praktisch zum Dorfgott, damit mächtiger und gefährlicher als der Dorfälteste. Die Geister wohnen aber nicht nur in Bäumen und Flüssen, sondern verwandeln sich auch in lebende Wesen wie Tier und Mensch.

Die Akhar, die ebenfalls im Norden von Thailand leben, sind am unreinlichsten von allen Stämmen, da die Mächte, die sie fürchten, vor allem das Wasser bewohnen. Sie wagen deshalb nicht zu baden, weil sonst die Kräfte und Mächte des Wassers in ihre Körper dringen, ihnen Krankheit und Tod bringen. Manchmal glauben sie, daß trotzdem eine böse Kraft ihr Haus befallen hat, vor allem wenn jemand im Sterben liegt. Dann versammeln sie sich mit Holzprügeln vor dem Haus, schreien und schlagen, bis der Magier das Haus für rein erklärt. Es kommt aber auch vor, daß der Zauberer einen unglücklichen Mann als verhext bezeichnet. Dieser wird dann zu Tode geprügelt.

VIELSAGENDE HÄNDE

Die Kunstwerke der ozeanischen Inselbewohner würde ich nicht als schön bezeichnen, aber sie verdeutlichen in unerhört eindringlicher Form das Fühlen und Denken dieser Menschen.

In Djakarta, der Fünfmillionenhauptstadt Indonesiens, suchte ich lange und zunächst vergebens nach einem alten Kanonenrohr, das früher auf dem Hauptplatz lag, bis ich es schließlich in einem dunklen Abstellraum im Keller des Nationalmuseums fand. Das Ende des Rohres ist mit einer »Feige« versehen, dem Symbol für Liebe, Empfängnis und Fruchtbarkeit. Die »Feige-Geste« der geschlossenen Hand, bei der der Daumen zwischen Zeige- und Mittelfinger liegt, gilt aber auch in vielen Ländern als Abwehrmittel gegen alles, was schaden kann. Eine große *Hand aus Holz geschnitzt* und eine kleine aus Rosenquarz hatte ich schon in Porto Alegre in Brasilien erstanden.

In der Umgebung von Rio de Janeiro gibt es eigenartige *Hausschutzkreuze.* Es sind kleine Kreuzchen, die aus zwei Aststückchen gebildet werden. Die oberen drei Enden sind mit der Feigengeste geschnitzt. Das christliche Segenszeichen und die durch und durch dämonische, abergläubische Gebärde sind hier in grotesker Weise miteinander verbunden. Dagegen muteten die Lausbuben im Himalaja direkt sympathisch an, die mir lachend und doch leicht verängstigt beide Hände in Feigengeste entgegenstreckten, als ich sie fotografierte. Derartige Beobachtungen wurden von anderen Reisenden auch in China gemacht. Ein Chinese, der auf der Straße überraschend fotografiert wurde, zeigte die Feige. Auch er wollte sich vor den möglichen geheimnisvollen Schäden, die sich durch das Fotografiertwerden einstellen könnten, schützen.

Das Kanonenrohr in Djakarta kannte ich bereits von Bildern her. Auf diesen Aufnahmen aus den dreißiger Jahren sah man, wie Frauen Blumen und andere Opfer niederlegten, um sich Fruchtbarkeit und reichen Kindersegen zu erbitten. Man erzählte mir, die Regierung habe darauf bestanden, die Kanone in den Keller zu verbannen, da die Wächter von den gutgläubigen Frauen angeblich Gelder kassierten. Ich vermute aber, daß es der modernen Regierung vielmehr peinlich war, den Touristen zu zeigen, wie weit der Aberglaube in ihrem Lande noch verbreitet ist. Diese Länder, deren Entwicklung nicht organisch, sondern blitzschnell vonstatten geht, sind natürlich besonders stolz auf alle modernen Errungenschaften und wollen es nur ungern zugeben, daß dieser Fortschritt gerade auf geistigem Gebiet, wie sie ihn sich vorstellen, weit hinter den technischen Erfolgen zurückgeblieben ist. Würde man aber das Handeln der Frauen von Djakarta nur unter dem Gesichtspunkt der Primitivität betrachten, so wäre dies ein großer Irrtum.

Es muß nämlich berücksichtigt werden, daß wir uns hier in einem Bereich bewegen, der sich vor allem durch hohe Wertschätzung des Kindersegens und der Liebe auszeichnet. Die dazugehörige Bilderwelt enthält entsprechende Bildgestalten, die sich symbolisch mit den Handlungen und den Vorstellungen in einem durchaus frommen Sinne verbinden. Auch hier gilt die Erfahrung, die ich immer machen konnte, daß die äußere Erscheinung und die ästhetische Qualität nicht ohne weiteres einen Schluß auf die Beschaffenheit der moralischen und geistigen Haltung zulassen.

Die Hände spielen überhaupt in der Abwehr und Magie bei vielen Völkern eine große Rolle. So fand man in altägyptischen Gräbern nachgebildete Hände, die ohne Zweifel den Toten vor Unheil beschützen sollen. Wie sehr die ausgestreckte Hand Schutz und Abwehr symbolisiert, können wir ja an uns selber beobachten, wenn wir bei drohender Gefahr instiktiv die Hände ausstrecken.

Harald de Bary, ein Nachfahre des im Jahre 1877 in der Oase Rhat in Libyen verstorbenen Arztes und Naturwissenschaftlers Erwin von Bary, schickte mir eine interessante Farbaufnahme aus Ghadames. Ein junger moderner Afrikaner sitzt an einer Nähmaschine. Sie ist unten mit einem Tuch verkleidet,

auf dem die Hand der Fatima aufgenäht ist. Diese *Hand der Fatima* findet man in den islamischen Ländern häufig als Amulett und Talisman, aus allen nur denkbaren Materialien, vom kostbaren Silberfiligran und Halbedelsteinen angefangen, bis zum einfachen Stück Stoff, aufgesetzt auf die Decke einer modernen afrikanischen Nähmaschine. Ich habe im Libanon solche Hände aus billigem Blech geschnitten sogar auf den Kühlerhauben uralter klappriger Autos gesehen. Sie sind Abwehrzeichen und Schutz wie bei uns der Christophorus. In meiner Sammlung alter tibetischer Bildrollen (Thangkas) besitze ich zwei Exemplare, auf deren Rückseite ein hoher Rimpotsche seine in Blut getauchte Hand als Siegel aufgedrückt hatte. Auch hier sollte die Hand dem Bild magische Kräfte verleihen und dadurch dem Besitzer Schutz und Segen bringen.

Das Museum in Djakarta war ein wahrer Quell für meine Interessen. Unzählige Amulette, kleine, aus Holz geschnitzte Behälter, verbargen in ihrem Innern alles, was sich die Menschen dienstbar gemacht haben, um ihre Existenzangst zu beschwichtigen. In *Holzdosen* mit kunstvoll geschnitzten Deckeln, meistens war es ein Tierkopf, versteckten sich Samen heilbringender Pflanzen, kraftspendendes Blut, Erde oder andere Opfergaben.

Auf ihren Feldern bauten sie neben Lebensbäumen Stein- und Holzgötter auf. Ihre Häuser schmückten sie mit Giebelzeichen. Interessant war deren Verschiedenartigkeit, die sich aber durch die Aufteilung Indonesiens in seine zahlreichen Inselgruppen erklären läßt. Die räumliche Entfernung wirkte sich zwar kulturell nicht wesentlich aus, aber immerhin hatte jede Insel für ihre Giebelzeichen typische Merkmale. Zwei prachtvolle, weiß gestrichene Stierköpfe zogen lange Zeit meine Aufmerksamkeit auf sich. Da »Nandi«, der ruhende weiße Stier, als Lieblingstier und bester Freund des Gottes Shiva gilt, der ja selbst auf vielen Darstellungen das Gehörn des Wasserbüffels trägt, nehme ich an, daß man durch die Stierköpfe am Dachfirst das Haus unter den Schutz Shivas stellen wollte.

In Mittelasien zum Beispiel opfert man den Stier dem Wettergott, und der Donnerkeil gehört als Gleichnis für den Blitz zu seinem Bildnis. Sicherlich gibt es keinerlei Verbindungen von dem weißen Stier Shivas oder dem schwarzen Stier des Wettergottes im kleinasiatischen Raum zu jenem Stierkopf, den ich bei einer Reise im Schwarzwald hoch oben im Gebälk eines vom Alter geschwärzten Holzhauses sah. Aber auch er war ein magisch gerichtetes Abwehrzeichen gegen die Dämonen, die Feuer und Wasser regieren. Eine alte Frau arbeitete im kleinen Garten vor dem Haus, und als ich sie wegen des Stierkopfes ansprach, schaute sie mich erstaunt an. »Den verwitterten Kopf wollen Sie für Ihre Sammlung?« Sie wußte nicht, was sie tun sollte, zu sehr gehörte dieses Trutz- und Schutzzeichen, das vertraut neben einer Christusgestalt am Hause hing, in ihre kleine Welt. Zu meiner eigenen Überraschung gelang es mir schließlich doch, den Stierkopf zu erwerben, und als ich ihn gerade glückstrahlend im Kofferraum meines Autos verstauen wollte, rief mir die Alte nach, nun hätte ich den Kopf, aber wenn dem Hause etwas zustoße, sei es meine Schuld. Ich zögerte einen Augenblick, aber im Vertrauen auf die Christusgestalt über dem Eingang des alten Hauses fuhr ich mit dem kostbaren Stück meiner Sammlung heimwärts.

Eine ähnliche Geschichte weiß Franz Meierhofer vom Irrsee im Salzkammergut zu berichten. Er besitzt ein Heimatmuseum, das, ganz versteckt und dicht von Bauernrosen, Malven und Hauswurz bewachsen, mit vielen Kostbarkeiten bäuerlicher Kultur und bäuerlichen Glaubens und Aberglaubens angefüllt

ist. Auf einem seiner vielen Streifzüge sah er eines Tages auf einem Gehöft am Rauchabzug unter dem Dach einen *Rinderkopf* aufgehängt. Auch von ihm erhoffte man immer noch, daß er, trotz Dreifaltigkeit, St. Florian und Christusmonogramm, den ständig drohenden Gefahren entgegenwirken würde. Vielleicht erscheint es den Städtern, die in der Geborgenheit der modernen Zivilisation leben, übertrieben, sich so vielfältig abzusichern. Stellt man sich aber vor, wie sehr die bäuerliche Bevölkerung, vor allem in früheren Zeiten, allen Naturgewalten, den Stürmen, dem Blitz, dem Feuer und dem

Wasser ausgesetzt war, so kann man den Wunsch nach Schutz wohl verstehen. Und bedenkt man dann noch die Angst vor Hexen, Geistern und Dämonen, so sieht man das Schutzbedürfnis mit anderen Augen an. Franz Meierhofer hatte es also nicht leicht, den Rinderkopf zu bekommen. Aber da er ein begabter Holzschnitzer ist, bot er dem Bauern an, ihm im Austausch eine kleine Marienfigur mit Kind zu schnitzen. So kam der Rinderkopf ins Heimatmuseum an den Irrsee.

Pferdeköpfe findet man auf Holzpfosten vor den Stallungen bäuerlicher Niederlassungen in *Ungarn,* ausgestopfte Tierkadaver über den Ställen tibetischer oder äthiopischer Behausungen. Unendlich die Räume, die dazwischen liegen, ebenso die kulturelle Entfernung! Und doch, hier wie dort äußert sich der Wunsch, mit Hilfe magischer Kräfte, die dem Gebilde oder dessen kraftvollem Lebensvorbild innewohnen, Unglück und Schaden abzuwenden.

Aber kehren wir wieder zurück nach Indonesien. Verlassen wir das Nationalmuseum, um auf dem Weg nach Bali in der berühmten Hafenstadt Surabaja haltzumachen. Ich wollte mir dort im Zoo die berühmten Komodo-Warane anschauen, die als die größten Landechsen unserer Erde gelten und über drei Meter lang werden. Ihr Anblick ist so ungeheuerlich, daß man diese drachenähnlichen Tiere, als man sie zum erstenmal sah, für eine Art von längst ausgestorbenen Sagengestalten hielt.

Auf einem kleinen Platz inmitten tropischer Pflanzen und Bäume führte eine Theatergruppe geschichtliche Tänze auf. Ich kam gerade hinzu, als ein medial veranlagter Mann sich durch Meditation in Trance versetzt hatte und nun befähigt war, sich von der Gebundenheit seines Körpers frei zu machen. In diesem Zustand der völligen Entrückung, wenn die Seele sich vom Leib gelöst hat und sich in andere Sphären begibt, kann ein außermenschliches Wesen in das Medium hineinfahren. Von dem Körper dieses jungen Javaners nahm der Geist eines wilden Pferdes Besitz, wie ich sehr bald an einem Steckenpferd, das er ritt, erkennen konnte. Ein zweiter Mann, nicht in Trance, spielte den rohen Pferdebesitzer, peitschte und trat das arme »Tier«, um es dann mit sanftem Zureden wieder zu beruhigen, und gab ihm schließlich Grasbüschel zu fressen und aus einem Blecheimer Wasser zu trinken. Zweifellos waren die Schläge und Fußtritte echt. Aber der Mann schien keinerlei Schmerzen zu empfinden. Diesen Zustand der Verzückung habe ich auf meinen Expeditionen bei fast allen Naturvölkern kennengelernt. Meistens ist es ein Schamane, Medizinmann oder wie in Tibet das Orakel, denen dank ihrer übersteigerten physischen und geistigen Kräfte übernatürliches Wissen und die Gabe der Prophezeiung zugeschrieben wird. Einmal in Ekstase, sind sie in der Lage, die Zukunft vorauszusehen, Böses abzuwenden und Krankheiten zu heilen. Um leichter in Trance zu kommen, unterstützt man sie mit Lärm, Musik und monotonen rhythmischen Bewegungen, manchmal sogar mit Giften und Narkotika, oftmals sind es einfach Konzentration und Meditation, die den Zustand hervorrufen. In diesem Falle erlaubte das Pferd dem Trancetänzer, sich symbolisch in die Luft zu erheben und damit die Schwelle zum Jenseits zu überqueren. Das richtige Schamanenpferd wurde hier durch ein Steckenpferd ersetzt, manchmal genügt ein einfacher Stock.

Die indonesische Berglandschaft hat ihren eigenen Reiz. Es gibt über vierhundert Vulkane, die nackt und kahl oft bis zu dreitausend Meter in den bleichen Himmel ragen. Von Surabaja machten wir einen Ausflug zum rauchenden Bromo. Am Fuße des Kraterkegels hielten wir eine kleine Rast an einem Platz, der offensichtlich zum Lagern gedacht war. Reste von Opfergaben lagen noch verstreut am Boden, aus dessen karger Erde hier und da eine armselige Maispflanze herausschaute. Ein Körnchen vom Opfer der Pilger hatte in dem sonst kahlen Boden Wurzeln geschlagen. Unser netter alter Führer, der schon viele Besucher zum Bromo geführt hatte und die Geschichte dieses Vulkans gut kannte, erzählte uns, daß man früher Menschen geopfert habe, und beim Hinaufklettern zum Kraterrand berichtete er weiter, daß sich die Auserwählten meist freiwillig in den glühenden Schlund gestürzt hätten, aber manchmal mußten sie auch mit Gewalt über den Kraterrand gestoßen werden. Das Dröhnen und Donnern, die Hitze und das Feuer waren für die Menschen ein Beweis dafür, daß im Inneren des Berges böse Geister und Dämonen hausten, und sie wollte man mit den Menschenopfern versöhnen und wohlwollend stimmen. Heute ist an die Stelle der Menschenopfer die Tötung von Tieren getreten, und man stößt an besonderen Festtagen Schafe oder Ziegen über den Rand des Kraters. Jeder, der den Bromo besucht, wirft zumindest ein paar Münzen oder einige Lebensmittel in das gefährlich brodelnde Loch, um die Geister zu beruhigen.

Bali, die Trauminsel der Touristen, bot auch für uns mit ihrem weißen Sandstrand, ihren Bergen und tausend Tempeln ein reizvolles Ziel. Wer auf Java umherreist, ohne sich Gedanken über seine Vulkane und über die Erdbeben zu machen, wird nie den dort lebenden Menschen richtig verstehen lernen, der seine Vulkane zu heiligen Stätten macht, in denen die Schicksalsgötter wohnen. Wer nach Bali kommt, ohne seine Tempel oder seine Reisfelder zu besuchen, die der Balinese mit Mythen und Legenden bangend, fürchtend und hoffend umwoben hat, wird nie die Seele dieser Menschen begreifen. Java ist ein Vulkanland, Bali ein Land der schlammigen Reisfelder. Erdbeben und Unwetter fordern nach Götterlaune Opfer, immer und immer wieder. Diese Menschen lassen sich aber durch keine Naturkatastrophe vertreiben, sie wollen nicht vernünftiger sein als ihre Götter. Der Himmel hat das Recht, die Menschen zu segnen und zu strafen. Die Bauern beten zu ihren Göttern, und wenn die Reissetzlinge im Schlamm gepflanzt sind, werden kleine Schutzzeichen aus Bast und Stroh aufgestellt, als Bitte an die Götter, die Unwetter vorüberziehen zu lassen und die Ernte zu schützen. Sie glauben an diese buntgeflochtenen Strohzeichen, liebend, fürchtend und fatalistisch ergeben. Unendlich geduldig werden die reifen Ähren, Hälmchen für Hälmchen einzeln geschnitten, obwohl Sense und Sichel die Arbeit beschleunigen würden. Aber alles geschieht nach einem alten Ritus, der zum Ausdruck bringt, daß man niemals gierig ist und tiefe Achtung vor der Pflanze hat. Betrachtet man doch in ganz Indonesien den keimenden Reis als ein neugeborenes Kind, und wenn er in der Blüte steht, identifiziert man ihn mit einer schwangeren Frau.

Auch die großen Vorratshäuser sind mit buntgeflochtenen, oftmals viele Meter langen Bändern versehen. Dank an die Götter für eine gute Ernte und die Bitte, diese Reisvorräte auch weiterhin zu schützen. *Devi Shri* nennen sie eine bezaubernde kleine Figur, mit großer Liebe und Phantasie aus Reisstroh gebildet, die sie an der Spitze der zum Trocknen aufgestapelten Reisbündel befestigen. Bildnisse der Reisgöttin Devi Shri findet man auch aus Holz geschnitzt auf den Hausaltären.

Täglich trifft man einheimische Pilger und Bauern, die nach der Ernte ihren Göttern danken. Ihre herrlichen Tempel sind hinduistischen Gottheiten geweiht. Einer der berühmtesten und schönsten, der Besakih, liegt tausend Meter über dem Meeresspiegel am Hang des Vulkans Agung. Er gilt als einer der ältesten Tempel auf Bali und dient den Nichthinduisten als

Stätte ihres Ahnenkultes. Sie empfinden die Herausforderung der alten Kultstätten nicht mehr, sie beten einfach zu Gott. Rechts und links vom Eingang und über dem Portal sind große, aus Stein gehauene Figuren und Fratzen, die die Macht über Geister und Dämonen symbolisieren. Zwischen den zum Himmel ragenden Tempeln stehen lange Bambusstangen mit kleinen Gebetswimpeln. In den hohlen Bambus sind verschieden lange Schlitze geschnitten, durch die der Bergwind bläst. Die Flötentöne, die dabei erzeugt werden, halten, ähnlich wie die kleinen Glocken an buddhistischen Tempeln, die bösen Einflüsse fern und erfreuen die Ahnen und die guten Geister.

Vom Berg Agung fuhr ich in das berühmte Künstlerdorf Ubud. Hier lebt in einem kleinen Palast noch einer der wenigen Könige, deren es früher auf Bali sehr viele gab. Bevor ich die Maler und Schnitzer des Dorfes besuchen konnte, wollte ich ihm meine Reverenz erweisen. Gleich hinter dem Tor stand eine kleine Quermauer, um die man erst herumgehen mußte, um in den Garten zu gelangen. Da man überzeugt ist, daß Geister sich nur gradlinig bewegen können, soll diese Mauer sie am Betreten des Palastgartens hindern.

Mit der Empfehlung des Königs von Ubud ging ich zu dem berühmten Schnitzer des kleinen Ortes. Er war sehr entgegenkommend und zeigte mir eine seiner größten Kostbarkeiten, eine jahrhundertealte Anleitung für religiöse Schnitzarbeiten, die einer seiner Vorfahren auf Palmblätter geschrieben hatte. Er war sehr stolz darauf, ein Brahmane zu sein, also ein Mitglied der obersten Kaste der Hindu, die als heilig und unverletzlich gilt. Mit den Fingern deutete er auf seine abgeschliffenen Zähne und erklärte mir die Bedeutung dieses Rituals. Diese Sitte gehört, ähnlich wie die Beschneidung, zu den Initiationsriten. Sie soll sechs Schwächen der menschlichen Natur abwehren: Faulheit, Gleichgültigkeit, Unentschlossenheit, Liebe zu weltlichen Gütern, Sinneslust und Hang zum Luxus. Das Ritual ähnelt sehr der Klausur vieler primitiver Völker, nur ist es wesentlich kürzer. Drei Tage leben die Kinder in der Abgeschiedenheit eines Hauses, dann beten sie, prächtig gekleidet, vor einem Altar, und nun kommt die eigentliche Zeremonie. Der Knabe oder das Mädchen legt sich nieder, von einer Anzahl Helfern an Händen und Füßen festgehalten. Das Feilen führt immer ein Brahmanenpriester aus, und der alte Mann versicherte mir, als er mein entsetztes Gesicht sah, das alles tue gar nicht weh. Gefeilt werden die sechs oberen Vorderzähne. Das abfallende Knochenmehl füllt man in eine Kokosnuß und vergräbt sie hinter dem Hausschrein. Das vorsichtige Behandeln des Knochenmehls, also des »Abfalls« bei rituellen Begehungen hat zahlreiche Parallelen bei anderen Völkern. Ich denke zum Beispiel an die Xingu-Indianer am Amazonas. Dort war es Sitte, daß sich die Männer gegenseitig ihre Haare zu kurzen Pilzköpfen schoren oder verliebte Paare einander die Wimpern ausrissen. Hier war das Auszupfen der Wimpern eine Liebesgebärde. Bei den Hochlandindianern im alten Peru gab es eine ähnliche Gepflogenheit als Weihehandlung: beim Tempelgang zupften sie sich ein Haar aus den Augenbrauen und bliesen es dem Götterbild entgegen. Niemals hätten die Xinguindianer die Haarreste auf dem Boden herumliegen lassen, sondern sie sammelten sie sorgfältig auf und verbrannten sie oder vergruben sie in der Erde. Von den Schamanen wußten sie, daß es Feinde gab, die ein Büschel Haare oder einen Fingernagel von einem Menschen stahlen, dem sie übelwollten. Die Unholde steckten diese menschlichen Abfälle in eine Giftkalebasse, und schon drohte dem Eigentümer, der un-

Rechte Seite:
Der Geist eines wilden Pferdes hat von diesem Trancetänzer in Surabaja Besitz ergriffen.

achtsam Haare oder Nägel liegengelassen hatte, Unheil. In einigen Dörfern löste solch ein »Schadenzauber« sogar größere Kämpfe aus. Aus demselben Grund muß man auch oft bei Expeditionen heimlich, mit Winkel- oder Teleobjektiv, Bilder der Eingeborenen machen. Bei den Indianern, Papua, Negern und Himalajavölkern passiert es immer wieder, daß sie schnell ihr Gesicht verstecken, weniger weil sie den »bösen Blick« der Kamera fürchten, wie manche das annehmen, sondern weil sie glauben, daß man mit dem Bild einen Zauber treiben könnte. Das Foto könnte auf den Boden fallen, jemand darauf treten, und schon wäre das Unglück geschehen. In Tibet wurde während der Regierungszeit des 13. Dalai Lama ein Mann ausgepeitscht, weil man in seinem Schuh das Bild des Herrschers entdeckte, der dadurch zerstört werden sollte.

Bei den verschiedenen Indianerstämmen kann man täglich beobachten, wie sich Männer, Frauen und Kinder gegenseitig die Kopfläuse aus den Haaren suchen und diese über die Schulter dem Besitzer reichen, der sie verschluckt. Die Laus enthält sein Blut, und niemand soll die Möglichkeit haben, einen Zauber damit zu treiben, denn was einem Teil des Menschen geschieht, das widerfährt ihm im ganzen. Man spricht deshalb von »Analogiezauber«.

Wie in fast jedem indonesischen Haus, fand ich auch auf Bali überall den Garuda-Adler, der meist die Gottheit Vishnu, den höchsten Schöpfer des Alls, auf seinen Schultern trug. Garuda gilt

Linke Seite oben:
Augen am Bug der Boote schützen die Fischer auf Formosa vor den Dämonen des Meeres.

Linke Seite unten:
Beim Barongtanz auf Bali richten die Kristänzer den Dolch gegen sich selbst.

als der große Widersacher der *Naga,* jener Schlangengottheit, die in allen Tempeln Indonesiens als über dem Menschen stehendes Wesen verehrt wird. Karl Sälzle beschreibt den Garuda als Griff-Figur indonesischer Dolche: »Wenn wir nun die Klinge als Schlange deuten, ergibt sich insbesondere für Garuda eine ganz natürlich anmutende Erklärung: Er ist der Göttervogel, der die Schlange in seinen Fängen hält und sie zwingt, seinem Willen zu gehorchen.« So ist er immer das Symbol des Schutzes und der Abwehr, und man begreift, daß er in jedem Heim und sogar im Staatswappen anzutreffen ist. Außerdem besitzt Garuda die geheimen Kräfte, das Gift der Schlangen unschädlich zu machen, und auch diese ihm zugedachte Eigenschaft trägt in einem Land, wo man stets den Biß der Schlange fürchten muß, sehr zu seiner Beliebtheit bei. Das Bild Garudas verleiht Unverwundbarkeit. Zu diesem Zweck wird es eintätowiert. Diese Tätowierung ist bei vielen Naturvölkern, die ich im Laufe meiner Expeditionen besuchte, weit verbreitet. Zuletzt sah ich sie am Amazonas, wo man sich mit den spitzen Zähnen des Hundsfisches Ornamente auf Brust und Beine ritzte. Besonders die jungen Mädchen schmückten sich zur Zeit der Reife die Innenseite ihrer Oberschenkel mit zierlichen Mustern. Bei den Frauen wurden diese Ornamente mit viel Mühe und großer Sorgfalt ausgeführt. Die Schamanen benutzten das Ritzen auch gegen Krankheiten, und ich habe Eingeborene gesehen, die nach einer solchen Behandlung an Hunderten von fein geritzten Stellen bluteten.

Ich verließ Bali nicht, ohne in einem der typischen offenen Tempelhöfe einem Barongtanz beizuwohnen. Ein löwenähnliches Tier als Verkörperung des Guten kämpft in diesem symbolischen Tanz gegen die böse Hexe Randa. Sie trägt eine furchterregende Maske, streckt die Zunge weit heraus, hat lange Haare und Fingernägel und ist unserer europäischen Vorstellung von Hexen sehr ähnlich. In Trance befindliche Kristänzer greifen die Hexe an, aber mit Hilfe eines weißen Zaubertuches zwingt sie die Männer, den Dolch gegen sich selbst zu richten. Wiederum die bekannte Symbolik: der Griff des Kris hatte die Gestalt des Garuda-Adlers und die leicht gebogene Klinge den Körper der Naga.

BEI DEN PAPUA IN WESTIRIAN

Religion und Symbolik vor- und außerhistorischer Gemeinschaften, Stämme und Völker kann man wohl nirgendwo besser erforschen als im Landesinnern von Westirian. Schon die Tatsache, daß es nur unter allergrößten Strapazen möglich ist, zu den Bergpapua vorzudringen, daß man sich mit dem Buschmesser tagelang seinen Weg zu ihnen hacken muß, läßt sie so einsam und unberührt leben. Als ich zum erstenmal in einem Bergpapuadorf ankam, glaubte ich mich in die Steinzeit versetzt. Primitive runde Hütten, in denen alle Unterschlupf suchen: Menschen, Hunde und Schweine. Die einzige Kleidung der Männer bilden getrocknete Flaschenkürbisse, sonst sind sie nackt, vielleicht noch mit einem Netz versehen, in das sie ihr wolliges Haupthaar binden. Die Frauen, mit einem Lendenschurz bekleidet, tragen ein ähnliches, aus Stengelorchideen geflochtenes Netz auf dem Rücken, in dem sie alles transportieren, was zu ihrem täglichen Leben gehört: Kinder, junge Schweine, Bananen und süße Kartoffeln. Mein größtes Erlebnis auf dieser Expedition war die Entdeckung der Quelle der Steinäxte. Wochen des Zusammenlebens waren nötig, bis ich Träger fand, die mit mir dorthin gingen, wo sie ihre heiligen Steinwerkzeuge brachen. Ich konnte ihr anfängliches Mißtrauen verstehen und hatte Geduld. Sie wußten ja nicht, woher ich kam, warum ich hier war, was ich von ihnen wollte. Sie wußten nur, daß ich nicht zu ihnen gehörte, weil ich früher nicht da war. Anfänglich hielten sie mich für einen fremden Geist. Aber bald gewöhnten sie sich an mich und merkten, daß ich lebte wie sie. So gewann ich ihr Vertrauen. An der Quelle der Steinäxte, meinem großen Ziel, sah ich sie nun, diese kraftvollen Gestalten, die mit Hilfe von Feuer Stücke aus den Felsen brachen und sie dann in monatelanger mühevoller Arbeit schliffen, bis es glatte, glänzende Steinäxte wurden. An einer 6 Meter hohen Felswand hatte ein Feuer schon 24 Stunden gebrannt, ohne daß der Stein brach. Da kam einer der Magier zu mir und sagte, daß er einen anderen Felsblock gefunden habe, nur müßte ich als »Yä-Tuan«, als Steinaxt-Herr, wie sie mich nannten, das Feuer mit einem Stück Schweinespeck, »Wam«, anzünden, er würde dazu die Zauberformel sprechen, und dann würde der Felsen bestimmt brechen. Aus welchem Grunde auch immer, ich habe die Zeremonie mitgemacht, und nach 4 Stunden krachte und knackte es tatsächlich, und die himmelblauen Steine lösten sich vom Block.

Das Schwein, das kostbar ist und verehrt wird, gilt hier als Symbol der Fruchtbarkeit, kann es doch im Vergleich zum Menschen das Vielfache an Kindern zur Welt bringen. Der Magier vom Steinbruch hatte, während er die Zaubersprüche sagte, aus seinem Netz einen Eberhauer genommen und ihn durch ein Loch in seiner Nasenscheidewand gezogen, denn dieser Zahn verlieh ihm Kräfte und schirmte ihn gegen böse Einflüsse ab. Zähne, ob vom Menschen oder Tier, sind auch in Europa und anderen Erdteilen als Talismane besonders wichtig. An vielen Orten trägt man den ersten Milchzahn als Glücksbringer in Gold und Silber gefaßt um den Hals; dem Kind soll er das weitere Zahnen erleichtern. Aber auch Wolfs-, Bären- und Raubkatzenzähne sind ein weitverbreitetes Abwehrmittel gegen die verschiedensten Krankheiten.

Aus demselben Material, aus dem sie ihre Beile fertigten,

schlugen die Bergpapua auch ihre Zauber- und Zeremoniensteine, wichtigstes Handwerkszeug ihrer Medizinmänner. Sanft bestrichen sie damit den Leib schwangerer Frauen, um eine leichtere Geburt einzuleiten, wie ja alles Betasten, Streicheln und Berühren bei den Zeremonien eine große Rolle spielt. Ebenso wie in Tieren und Pflanzen glauben sie, daß auch in diesen Steinen heilende und fördernde Kräfte wohnen.

Als ich im Hochland mehrere Monate mit Papua vom Stamm der Dani zusammenlebte, wurde ich durch einen glücklichen Zufall Zeuge eines Rituals, das bei den einzelnen Klans nur zweimal im Jahr abgehalten wird. Es ist eine heilige Handlung, wenn die Papua mit feierlichen Beschwörungen diese Zaubersteine reinigen und dann mit dem Fett des Zeremonienschweines einschmieren, in dem festen Glauben, durch die Macht und Kraft des Steines auch die ihrer Krieger und Angehörigen für weitere Monate zu stärken. Ich hätte natürlich gern solch einen Zauberstein für meine Sammlung erworben, aber es schien fast aussichtslos. Bis eines Tages einer der Dani mir zuflüsterte, ich solle ihn an einem versteckten Platz treffen, dann wolle er mir einen wertvollen Stein bringen. Mit meiner schönsten und größten Kaurischnecke aus Tahiti in der Hosentasche ging ich zu unserer Verabredung, und schnell wechselten Stein und Schnecke ihren Besitzer. Mein Partner, der als Amulett am rechten Oberarm Schweinehoden trug, versicherte mir, daß ich die größten süßen Kartoffeln (Bataten) ernten würde, wenn ich mit diesem Zauberstein die Setzlinge vor dem Einpflanzen berührte.

Aber dieser steinerne Kraftspender, der für mich in keiner Weise von einem anderen Stein zu unterscheiden war, sollte nicht mein einziger bleiben. Ein Missionar beim Stamm der Uhunduni hatte nach unendlichen Mühen und Überredungskünsten diese dazu gebracht, ihre Amulette und Zaubersteine auf einen riesigen Haufen zu werfen, den der übereifrige Mann dann voller Genugtuung den Flammen preisgab. Da keine Katastrophe hereinbrach, hatte er ihnen bewiesen, daß den von ihnen so geliebten und verehrten Gegenständen keinerlei Kraft innewohnte. Sie hatten nachgegeben, aber ich bin ganz sicher, jeder hatte noch irgendwo im verborgenen seinen besten Talisman behalten. Einige Uhunduni aber holten in der Nacht die Zaubersteine aus der Asche wieder heraus und versteckten sie im Stroh ihrer Hütten.

Ohne Zahl waren die Amulette, die Männer, Frauen und Kinder um den Hals trugen. Getrocknete, nach ranzigem Fett stinkende Schweineschwänze, Kokons, Vogelkrallen, starr und verschmutzt, Tierklauen und Federn jeglicher Art sollten sie vor bösen Geistern und Dämonen schützen. Eine Frau mit einem riesigen Kropf hatte diesen über und über mit Amulettketten behängt; sie sollten die bösen Geister aus dem kranken Hals vertreiben und sie von ihren Schmerzen befreien. Die kleinen Kinder waren mit schönen weißen Kaurischnecken geschmückt, deren Zahl und Größe auf den Wohlstand der Familie schließen ließ. Kaurischnecken waren aber nicht nur Geld und Schmuck, sondern auch Talisman und Abwehr gegen böse Einflüsse, wie das auch in Europa der Fall war und ist, wo sie vor allem als Symbol der Weiblichkeit gelten.

Als ich Neuguinea vom Hochland zur Südküste bei Asmat durchquerte, traf ich auf der Wasserscheide, die meist auch die Stammesgrenze bildet, öfter auf Totenschädel, die man weit sichtbar auf Holzpfählen befestigt hatte. Es waren Land- und Grenzzeichen. Sie galten aber auch der Abwehr von Geistern und Dämonen, die die Magier der feindlichen Stämme aussandten. Wenn man sich einem Dorf näherte, traf man auf dem Pfad immer wieder auf Bannlinien, die aus Zweigen und Stökken in einer querlaufenden Rille bestanden. Sie sollten dem Dorf böse Einflüsse fernhalten, und wenn man einmal diese

Linie ohne Erlaubnis überschritt, konnte es passieren, daß man mit einem Pfeilregen empfangen wurde. Auf den Waldlichtungen (Rodungen) um das Dorf konnte man manchmal Totenhäuschen sehen. Ähnlich wie bei uns auf einem Jägersitz hockte der Tote hoch über dem Batatenfeld, um den Besitz seiner Familie auch nach dem Tode noch zu bewachen.

Das Schwirrholz, das beim Kultakt vieler Völker eine bedeutsame Rolle spielt, ist bei den Bergpapua zwar bekannt, aber ich beobachtete es immer nur in Händen von Kindern, die es, wie wir in der Schule das Lineal, als Spielzeug benutzten und ihre helle Freude an dem sausenden, brummenden Ton hatten. Aber schon an der Südküste Neuguineas bei den kannibalischen Stämmen war es ein kultisches Instrument und wurde vor allem in den Männerhäusern gedreht, um die Stimmen der Geister nachzuahmen und die Frauen, die sich dann ängstlich in ihren Hütten versteckten, am Betreten des Zeremonienhauses zu hindern. Sehr ernst nahmen auch die Xingu-Indianer des Mato Grosso das Sausen des Schwirrholzes. Die liebevolle, oft künstlerische Bearbeitung des sonst einfachen ovalen Holzstückes ließ erkennen, daß sie ihm große Fähigkeiten zuschrieben. Am liebsten gaben sie dem Holz die Gestalt eines Fisches, der an einem Ende mit einer Schnur versehen war und den sie mit großer Geschwindigkeit durch die Luft wirbelten. Ein Meister war der Schamane der Kalapalo, der kurz vor Beginn der Regenzeit allabendlich auf dem Dorfplatz stand und mit weit ausholender Bewegung das Holz sausen ließ, um den lang ersehnten Regen herbeizuwünschen, damit die Flüsse anschwollen und reiche Fischbeute die Ernährung des Dorfes sicherte. Er konnte dem Schwirrholz so hohe und reine Töne entlocken, daß es auch nie lange dauerte, bis die ersten kühlenden Tropfen vom Himmel fielen, die Flüsse mit Wasser füllten und dadurch die unentbehrlichen Fische wieder in großen Scharen zurückbrachten. In der Abgeschiedenheit der Klausur erlernen die Jünglinge den Gebrauch des Schwirrholzes, obwohl sie es nie zur Fertigkeit des Medizinmannes bringen, dessen tägliches Handwerkszeug dieses kultische Instrument ist.

Toten- und Ahnenkult nehmen einen breiten Raum im Leben der kannibalischen Papua ein. *Die Köpfe ihrer Feinde* sah ich, bunt geschmückt, ordentlich in Galerien in den Männerhäusern aufgestellt. Die Köpfe der Ahnen aber benutzten sie als »Kopfkissen«, im Glauben, daß dadurch Kraft und Stärke des Vorfahren stets gegenwärtig sind.

Dem Schädelkult liegen auch hier die verschiedensten Motive zugrunde. Eine Erklärung oder gar eine historische Erhellung ist praktisch unmöglich. Offensichtlich bestehen aber Verbindungen zwischen Schädelkult, Ahnenkult, Kannibalismus und Kopfjagd. Meist sind diese Menschen von einer Vorstellung beherrscht, nach der die von der Seele getrennt erlebte Lebenskraft eine besondere Rolle spielt. Diese Lebenskraft kann, ja muß immer wieder erneuert werden. Ein Mittel dazu ist die Kopfjagd, denn der Schädel ist Träger der Lebenskraft wie manchmal auch der Name. So hat die Verleihung eines neuen Namens oder Namenstausch zwischen zwei Freunden eine Vermehrung der Lebenskraft zufolge. Bei den Papua Süd-Neuguineas, bei den Marind-anim, mußte für jedes neugeborene Kind der Schädel eines Stammesfremden und dessen Name besorgt werden. Als Begründung gaben sie an, daß mit dem erbeuteten Kopf und dem Namen des Getöteten dem Kind die Lebenskraft gebracht und sein Gedeihen gesichert würde. Kopfjagden wurden aber auch veranstaltet, bevor die Feldbestellung begann, um damit Lebensstoff oder die Kräfte der Geister der Erschlagenen mit ihren Köpfen in den heimischen Bereich zu verbringen und die

Fruchtbarkeit der Saat zu garantieren. Die Kopfjagd hatte eine weite Verbreitung: im Nordosten Indiens, in Indonesien, Neuguinea, Melanesien, Nord- und Südamerika. In Europa war Kopfjagd bekannt bei den Galliern bis ins 1. Jahrhundert vor Christus und bei den Germanen noch in nachchristlicher Zeit.

Die Identifizierung des Verstorbenen mit Figuren, Pfählen, Masken oder Bäumen findet man bei vielen primitiven Völkern. Ich sah geschnitzte Totempfähle bei den Papua und schwarz-weiß-rot bemalte und mit kostbaren Federn geschmückte Pfähle bei den Xingu-Indianern im Mato Grosso. Sie standen bei den Totenfesten auf dem Dorfplatz und waren Mittelpunkt oft tagelang dauernder Feiern. Sie waren das sichtbare Zeichen für die Gegenwart der erlösungsbedürftigen Seele des Toten, die durch Tänze, Gesang und Riten befreit wurde. War alles vorbei, schenkte man diesen Pfählen keinerlei Beachtung mehr, ließ sie in Neuguinea achtlos am Strand umherliegen oder warf sie am Xingu in den nahen See. Leicht hätte ich solche Totempfähle, die immer sehr schön gearbeitet waren, kaufen können. Aber wie sollte ich diese großen Lasten transportieren! So begnügte ich mich damit, bloß die faszinierenden Figuren eines Gegenstandes mitzunehmen, sei es ein Ahnenkopf, der am oberen Ende eines großen *Schildes* angebracht war, der Bug eines Schiffes, immer mit einem Abwehrzeichen versehen, oder der Flügel eines zehn Meter langen Totenpfahles.

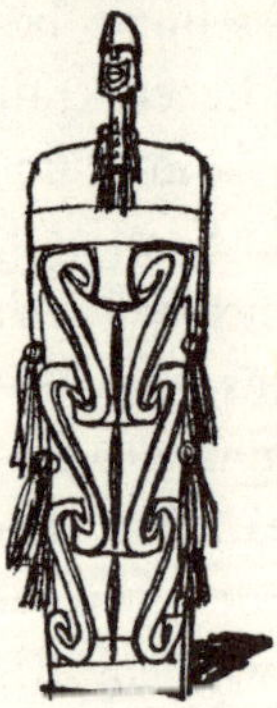

Sogar einen geschnitzten Hornvogel schenkte mir ein Papua zum Abschied. Er ist das Symbol der Familie und des Zusammenlebens und fehlt in keiner Hütte. Man hatte diesen wiedehopfähnlichen Vogel dazu ausgewählt, weil man ihn nie allein sah, sondern immer saßen Männchen, Weibchen und Kinder zusammen in den Bäumen oder flogen gemeinsam durch die Luft.

Ein weiteres Erlebnis, das einer Teufelsaustreibung bei uns gleichkommt, hatte ich nach der Erstbesteigung des höchsten Gipfels von Neuguinea. Einer meiner Träger warf plötzlich die Last weg, begann entsetzlich zu schreien, riß sich die Kleider vom Leib und wollte sich über eine Felswand stürzen. Einige Papua aber hielten ihn fest, führten einen richtigen Ringkampf mit ihm auf und warfen ihn schließlich zu Boden. Ein älterer Mann schlug aufgeregt mit einem Stock auf die Erde, zog einen Kreis um die Gruppe, und als der Besessene immer noch tobte und schrie, entriß ein anderer Träger mir den Pickel und hackte damit einen kleinen Graben um den kranken Mann. Dann riß er noch kräftig an dessen Haaren, wohl um den bösen Geist aus seinem Körper zu ziehen, und schließlich wurde der winselnde Mann aus dem Kreis herausgeführt und mit Wasser gelabt. Offensichtlich war das Böse gebannt und der Besessene befreit.

Die Vorstellung, daß Dämonen und Teufel von einem Menschen Besitz ergreifen können, die dann teilweise oder vollständig dessen Denken und Handeln bestimmen, ist als schlichter Glaube wie hier in Neuguinea auch im Bereich des Christentums und des Islams verbreitet. Allerdings kommt in diesen beiden Religionen – ähnlich wie im Lamaismus – zum naiven Volksglauben eine komplizierte Lehre vom Aufbau der gesamten Schöpfung, in der neben der belebten und unbelebten Natur ein Reich der Geister – guter wie böser – existiert. So schön und großartig diese Lehren sind, so banale, ja grauenhafte Auswirkungen können sie in der Praxis zeigen – ganz ähnlich den wissenschaftlichen Erkenntnissen, die in ihrer technischen Anwendung wohltuende oder zerstörende Folgen haben können. Im abendländischen Bereich spricht man von Hexenwahn, der seit dem Ausgang des 15. Jahrhunderts, nach dem Zusammenbruch der geschlossenen religiösen Welt des Mittelalters, Tausenden zum Verhängnis wurde und heute noch nicht ausgestorben ist.

MAORI-ZAUBER
ZWISCHEN PALMEN UND GLETSCHERN

Ein anderes Inselvolk, hervorragende Schnitzer, mit einem reichen Schatz an Ornamenten, sind die Maori auf Neuseeland. Ich besuchte Rotorua, das Gebiet der heißen Quellen und Geysire inmitten der großen Nordinsel. Ohne Zahl sind die Attraktionen dieses Landes, das vom Palmstrand im Norden bis zu dem vergletscherten Hochgebirge des Südens zur Antarktis hin fast alles an Naturschönheiten dieser unserer Welt bietet. Den Einfluß Polynesiens auf die Kultur der Maori spürt man überall, und doch hat sich ein starkes eigenständiges Brauchtum entwickelt, das in den Häusern und den Gegenständen des täglichen Lebens seinen Ausdruck fand und findet. Geschichten und Legenden mögen sich über die Jahrhunderte hin ändern, aber in den Kunstwerken der Vergangenheit wird uns ihre wahre Geschichte gegenwärtig.

Die Maori, die um 1350 von den umliegenden Inseln kamen, waren bis in die Mitte des 19. Jahrhunderts noch Kannibalen und gefürchtete Krieger. Heute unterscheiden sie sich von den aus Europa eingewanderten Neuseeländern weder in der Kleidung noch im Wohnstil. Fast alle gehören dem Christentum an, und sie haben auch ihre Sitze im Parlament. Aber auf zwei Gebieten behaupten die Maori ihren alten Rang: Nur sie allein brechen und bearbeiten den grünen Nephrit, und nur aus ihren Reihen gehen die begabten Steinschneider hervor. Sie haben einen außergewöhnlichen Schönheitssinn, wenn er auch nicht immer mit dem unsrigen übereinstimmt, denn eines darf man nicht vergessen: Die Kunst der Maori ist der Ausdruck eines Volkes, das niemals eine Schrift besaß. Darstellung, Ausdruck und Mitteilung sind vor allem auf zeichenhaftes und bildhaftes Gestalten angewiesen.

Aus dem wunderschönen grünen Schmuckstein verfertigten sie nicht nur Waffen, Handwerkszeug und Schmuck, sondern vor allem auch figurale Kultgegenstände. Ihre innige Verbundenheit mit den Vorfahren bezeugen die vielen menschlichen Darstellungen, die man überall findet, bewahrt und verehrt mit einem stark gefühlsbetonten Ahnenkult. Die Schnitzer entwickelten einen großen Einfallsreichtum des menschlichen Ausdrucks, jedoch trifft man am häufigsten jene *Gesichter,* die verzerrt und böse dreinschauen und buchstäblich in ein abstraktes Ornament verwandelt sind. Weit strecken sie ihre Zunge heraus, große rollende Augen glotzen einen an, und jeder Muskel ist in einer starken Gefühlsbewegung erstarrt. Was war und ist die Bedeutung der in Entsetzen erstarrten und Entsetzen erzeugenden Antlitze? Die vollendete, wohlgebildete Gestalt war für den Künstler ein Tabu. Das Tabu als Verbot, gewisse Dinge zu gestalten oder bestimmte Handlungen auszuführen, spielt im polynesischen Raum eine wichtige Rolle. Mit zuviel überirdischer Macht ausgestattet, wird das Tabu von den Menschen gefürchtet.

Auch an der Ostküste fand ich die gleichen Zeichen eines starken Symbolismus. In den Hütten, die aus vielen Pfosten gebildet sind, waren alle Pfähle als menschengestaltige Figuren ausgebildet. Verzerrt und entstellt starrten sie mich an. Auch hier beachtete der Schnitzer das Tabu und wollte den Göttern nicht mit schönen Gestalten ins Handwerk pfuschen. Ich sah völlig unproportionierte, viel zu kurze Glieder, geöffnete Mäuler mit Zungen, die bis ans Ende des Körpers hingen. Ob diese geschnitzten Figuren einfach nur Verachtung und Trotz ausdrücken sollten, wilde Leidenschaften, oder ob sich in ihnen die geheimnisvolle Kraft bekundet, die alles Leben bald vernichtend, bald fördernd, bald bekämpfend, bald beschützend durchdringt, immer sehen und empfinden wir Kraft und Vitalität in all diesen mißgebildeten Gestalten. Neben dem Tabu spielt in der polynesischen Welt die Vorstellung, die sich mit dem Wort Mana verbindet, eine bedeutsame Rolle.

Der englische Missionar Codrington schrieb 1878 in einem Brief: »Tabu ist der Gegensatz von Mana, besser gesagt: Mana in seiner gefährlichen Auswirkung. Personen, Gegenstände, Worte, die davon betroffen sind, sind tabu: sie dürfen nicht berührt, nicht gesprochen und nicht getan werden.«

Tabus sollten mir auf Neuseeland noch häufig begegnen. Eines Tages war ich Gast in einem über hundert Jahre alten Maorihaus, und der Besitzer zeigte mir voll Stolz den wunderschönen großen Giebelbalken, dessen Unterseite mit den geschnitzten »Porträts« seiner langen Ahnenreihe, abstrakten Zeichen für die ganze Bedeutung, die das Wort Ahne hat, geschmückt war. Von vier kleineren Dachbalken schauten ebenfalls die Gesichter einiger Ahnen herab, und diese, so sagte er mir, seien tabu. Groß war der Segen, der auf diesem Haus ruhte, denn bei seiner Errichtung vor mehr als hundert Jahren hatte man einen Menschen geopfert und ihn unter einem der Eckpfeiler begraben. So ganz genau wußte dies mein Gastgeber auch nicht mehr. Für ihn war nur wichtig, daß man nach einiger Zeit die Knochen ausgegraben hatte, um sie auf den Hausaltar zu legen. Sie galten ihrem Besitzer als Kraft- und Glücksbringer, und er verehrte in ihnen als wichtigste Substanzen des Menschen Geist, Körper und Erde.

Immer wieder erlebte ich voll Bewunderung diese tiefe gefühlvolle Verehrung ihrer Vorfahren, und ich staunte, mit welcher Hochachtung die Maori von ihren Ahnen sprachen. Sie waren sich bewußt, daß sie diesen Vorfahren alles verdankten, was heute ihr Recht ist: die Besiedlung des Landes, die Nutzbarmachung der Wälder, die Fischerei und nicht zuletzt die Kunst der Schnitzerei. So entstand aus dieser fest verwurzelten Dankbarkeit jene innige Verbundenheit der Lebenden mit ihren Toten. Der Ahnenkult war gleichsam die Grundlage ihrer gesellschaftlichen Struktur.

Zum Gott erhobener Stammvater aller Maori ist *Hei-Tiki,* aus herrlichem grünen Nephrit geschnitten, mit Augen aus Perlmutterringen, den Kopf nach der Seite geneigt. Typisch sind die angezogenen Gliedmaßen, die ihn einem Embryo ähnlichsehen lassen. Den Toten geben die Maori den Tiki mit ins Grab, und die Lebenden tragen ihn als Amulett bei sich. Da man annimmt, daß er eine Art Fruchtbarkeitssymbol ist, wird er mehr von Frauen als von Männern getragen, obwohl auch diese ihn als Glücksbringer und als ihren Ahnherrn mit sich führen.

Überreich sind ihre aus riesigen Baumstämmen gebildeten Schiffsbuge geschnitzt. Meist aus einem Stück, sind sie großartige Zeugen der handwerklichen Geschicklichkeit dieses Volkes. Ich sah geradezu groteske Figuren mit entstellten Gesichtern und der weit herausgestreckten Zunge am Bug ihrer Schiffe. Sie sollten dem Feind die ganze Verachtung der Insassen dieses Kriegsbootes vor Augen führen, ihnen Trutz bieten. Überall, wohin man schaut, sieht man diese figuralen *Schnitzereien:* im Innern der Häuser, an den Giebeln, an den Giebelbrettern und Wandplanken, an der Fensterumrahmung und oberhalb der Tür: Masken, Plastiken und Ornamente. Selbst die Pallisadenzäune, welche die Dörfer umgeben, sind mit lebensgroßen Schutz- und Ahnenfiguren versehen.

Über die erste Tätowierung bei den Maori gibt es eine alte Legende, die erzählt, daß ein Vater, der schon im Reich der Geister lebte, von seinen Schwiegerkindern besucht wurde und an seinem Schwiegersohn beanstandete, daß man dessen Tätowierung mit den Händen abwischen konnte. Er gestattete dem jungen Mann nur dann ins Reich der Menschen zurückzukehren, wenn er sich in Zukunft richtig tätowierte. Der Schwiegersohn gab sein Versprechen, und dies war der Anfang der richtigen Tätowierung bei den Maori. Es war eine langwierige und sehr schmerzhafte Operation, denn die Medizinmänner verwendeten kleine spitze Knochenmeißel, mit denen sie tiefe Rinnen und Furchen in die Haut zogen. Diese Linien, meist schöne Muster aus Punkten, Kreisen, Sonnen und dreifachen Spiralen, wurden mit einem blauen Farbstoff ausgefüllt, der aus einer Mischung von verbranntem Kiefernharz und dem Saft einer Beerenpflanze bestand. Diese schmerzhafte Prozedur fand unter freiem Himmel statt, und beide, Medizinmann wie Opfer, waren während dieser Zeit tabu. Es war eine heilige Handlung, meist begleitet von Tänzen und Gesängen, und wurde gar die Tochter eines wohlhabenden Mannes tätowiert, so schmückte man sie mit kostbaren Gewändern und Halsketten.

Rechte Seite oben:
Bei der Besteigung der Carstensz-Spitze auf Neu-Guinea mußte ein von Dämonen besessener Bergpapua von einem anderen eingeborenen Träger durch Reißen an den Haaren geheilt werden.

Rechte Seite unten:
Die Uhunduni auf Neu-Guinea lieferten, von Missionaren überredet, ihre Amulette, Zaubersteine und Fetische ab. (Foto Gordon Larson)

Die Tätowierung kann verschiedene Bedeutungen haben. Im geschilderten Fall des Mädchens ist sie ein Grenzzeichen für den Wechsel vom Kind zur Frau. Anderswo, wie zum Beispiel bei manchen Indianerstämmen Südamerikas, hat sie soziale Aufgaben: die Zugehörigkeit zu Klan, Sippe und Rang zu markieren. In wenigen Fällen hat die Tätowierung abwehrende Kraft.

Ich erwähnte schon, daß die polynesischen Inseln vom Südosten Asiens aus besiedelt wurden, zumindest ist es die Ansicht der meisten Wissenschaftler. Anderer Meinung ist Thor Heyerdahl, der sich mit seinem *Floß* Kon Tiki, welches nach alten Vorbildern konstruiert war, von Peru nach Polynesien treiben ließ, um zu beweisen, daß die Besiedlung umgekehrt, also von Osten nach Westen, erfolgt sein könnte. Von den Segeln des Floßes, das Heyerdahl und seine Gefährten durch die Meeresströmungen von Peru nach Polynesien brachte, schaute das geheimnisvolle Antlitz von Kon Tiki. Kon Tiki war Gott und Häuptling in einer Person. Er war der oberste Priester und Sonnenkönig der weißen Männer aus der Legende der Inkas, die eines Tages ihre großartigen Ruinen am Titicacasee verlassen haben. Die Erzählung berichtet von einem Kampf, dem Kon Tiki und eine Handvoll Freunde entkamen, und von ihrer späteren Flucht von der Küste über das Meer nach Westen. Thor Heyerdahl sieht nun in jenem Kon Tiki aus Peru und dem Tiki, dem

Linke Seite:
Papuamädchen, mit Federn, Perlen, Krallen, Klauen und Schwänzen als Amulette gegen böse Geister behangen.

Sohn der Sonne, den die Bewohner Polynesiens als ihren ursprünglichen Stammvater verehren, ein und dieselbe Person. Eine kühne Theorie, die heute bereits als widerlegt gilt. Wie immer es auch gewesen sein mag, Tatsache ist, daß man große Ähnlichkeiten, insbesondere der Plastiken, über den ganzen Pazifik hinweg zu den Steinfiguren der Osterinseln Aku Aku bis nach Mittel- und Südamerika feststellen kann. Ahnenkult und Totenkult sollten die Menschen schützen, sollten Böses abwehren und Glückhaftes anziehen, ihnen waren die Völker Polynesiens mit allen Phasen ihres Glaubens verhaftet.

DER VOGELMENSCH AM SONNENTOR

Sagenumwoben hat die legendenreiche Stätte Tiahuanaco im Hochland Boliviens um den Titicacasee die Jahrhunderte überdauert. Man hatte einmal angenommen, daß hier die Wiege der Menschheit gestanden habe, denn man glaubte, das Sonnentor sei vor mindestens 13 000 Jahren errichtet worden. Seit jedoch den Archäologen die Möglichkeit der Radiokarbonmethode zur Datierung der ausgegrabenen Gegenstände zur Verfügung steht, weiß man, daß die Ruinen nicht viel mehr als tausend Jahre alt sind. Die Ausgrabungen sind auch heute noch nicht beendet, aber es gibt keinen Zweifel, daß hier einst eine berühmte weiträumige Kunststätte der Andinen Hochlandkultur war. Man fand riesige behauene Steine, denn die Künstler liebten es, ihre steif und eckig wirkenden Figuren in meist monolithische, quadratisch abgegrenzte Felder hineinzuarbeiten. Charakteristisch für die Ornamente am Sonnentor sind die Vogelmenschen. Eine Verschmelzung von Mensch und Kondor, der hier beheimatet ist. Die Azteken im Hochland von Mexiko zählten den Adler zu den beliebtesten Sonnentieren, zusammen mit Falke und Puma, im Gegensatz zu den unbeliebten Mondtieren, Fuchs und Stinktier.

Im Vogelmenschen am Sonnentor mit seinem starren Antlitz, von dem in alle Richtungen Strahlen ausgehen, mögen die Tiahuanacoleute das Bild ihres Sonnen- und Schöpfergottes verehrt haben. Der Verbindung von Götterzeichen und Tierbild entspricht die Bedeutung, die die Tiere im Kult und bei der Darstellung religiöser Ideen einnahmen.

Während all meiner Reisen konnte ich die enge Verbundenheit zwischen Mensch und Tier beobachten, die meist sogar eine magisch-religiöse ist. Man ordnet den Tieren menschliche Eigenschaften zu, sie sprechen und agieren wie der Mensch, ja oft stellt man sie noch über diesen und sieht das Tier als Stammvater an.

Aber das Erlebnis der Fähigkeiten des Tieres, die außerhalb aller menschlichen Möglichkeiten liegen, läßt den Glauben lebendig werden, daß sich in Tieren und in ihren Eigenschaften außerirdische und göttliche Mächte bekunden. Sicher wirkt in diesem Verhältnis von Mensch und Tier jener zentralamerikanische Glaube nach, wonach jedem Menschen ein Tier zuzugesellen ist, das zum individuellen Schutzgeist einer Person wird. Der Mensch erwirbt ihn sich zur Zeit der Pubertät mit Fasten, Beten und Meditation in der Einsamkeit. Die Verbindung von Mensch und Schutzgeist ist so eng, daß beide dasselbe Schicksal haben. Nach mexikanischem Glauben haben auch Götter so einen »Nagual«.

Aus dieser vergleichenden und interpretierenden Gegenüberstellung von Mensch und Tier und Tier und Gott erklärt sich auch die elementare Unverzüglichkeit, mit der viele Völker ihre Gegner töten. Wer sie angreift oder ihre Existenz bedroht, wird vernichtet, ganz gleich, ob es ein Mensch oder ein Tier ist.

Der Beherrscher aller Tiere bei vielen Völkern in Südamerika ist ein Waldgeist. Er wird als regelrechter Kobold geschildert, dessen schillerndes Wesen sich in immer neuer Wesensart offenbart. Manchmal ist er gut, lustig und hilfreich. Geschieht aber seinen Tieren im Wald Böses, so ist er frech und derb zu den Übeltätern. In seinem Aussehen erinnert er vielleicht ein wenig an unser Rumpelstilzchen, denn auch er ist kaum einen Meter groß. Allerdings wird er als kahlköpfig geschildert, dafür wachsen ihm am ganzen Körper lange zottige Haare. Ein Auge nur sitzt ihm auf der Stirn, aber mit ihm sieht er mehr als andere mit zweien, und seine Zähne sollen blau oder grün sein. Riesige abstehende Ohren und Füße, die nach rückwärts stehen, machen sein Aussehen kaum freundlicher. Die hohlen Bäume des Waldes sind seine Behausung, und eigentlich ist der kleine Kerl froh, wenn man ihm Gutes tut. Aber wehe, man schadet seinen Tieren! Dann zeigt er, welche Kraft in seinem kleinen Körper steckt. Er hat die Gabe, mit den Tieren zu sprechen, und kann ihre Stimmen so ähnlich nachmachen, daß er schon manchen Jäger damit täuschte. Er läßt die Jäger das Wild jagen, solange dies sinnvoll und vernünftig geschieht. Aber seine magischen Pfeile und Fallen leiht er nur den Auserwählten. Natürlich möchte sich darum jeder seines Wohlwollens versichern, und so opfert man ihm Tabak, den er besonders schätzt.

Während meines langen Aufenthaltes bei den Xingu-Indianern in Brasilien konnte ich ähnliche Beobachtungen machen. Auch sie fürchteten die bösen Waldgeister und Dämonen, und um ihr Dorf vor deren Unwesen zu schützen, schnitzten sie in die Bäume rings um ihre kleine Siedlung besitzanzeigende und Abwehr und Trutz bietende Tierfiguren. Sie hatten jedoch nicht einen bestimmten Waldgeist, sondern glaubten, daß die bösartigen Burschen ihrer Gemeinschaft auch nach dem Tode noch weiterhin Unheil anrichteten. Diese Unholde gingen nicht ins Reich der Schatten ein, wo es nach ihrer Vorstellung ähnlich wie am Xingu war, nur daß es reichlicher Fische und Wild gab, sondern diese Kerle mußten weiterhin Unglück stiften und geisterten als böse Dämonen durch die Wälder.

Bei den Aymara, die heute das Land um das Sonnentor herum bewohnen, habe ich gesehen, wie mühselig es für die Bauern im Hochland ist, ihre Felder zu bearbeiten, und so kann man die Regierung von Bolivien verstehen, die bestrebt ist, einen Teil dieser Aymara in die fruchtbaren Dschungelgebiete jenseits der Anden umzusiedeln. Natürlich haben sie alle ihre Sitten und Gebräuche, ihre Schutzzeichen und Glücksbringer mit über die Berge genommen. Ja, fast könnte man glauben, daß ihr Vorsorge- und Schutzbedürfnis in dem meist undurchdringlichen Dschungel noch größer geworden ist, als es hier im freien Hochland war. Auf meiner Suche nach alten Zeichen und Symbolen fand ich fast in jeder der weit verstreuten Hütten der Aymara-Indianer etwas.

Eines Mittags kam ich an einem kleinen Hof vorbei und entdeckte unter dem vorspringenden Schilfdach ein unansehnliches Bündel. Mit meinen wenigen Brocken Aymara und etwas Spanisch fragte ich die Bäuerin nach dem kleinen Päckchen. »Ach gar nichts«, lehnte sie ab. Als ich versuchte, es herunterzuangeln, wollte sie mich zunächst daran hindern. Aber sie bemerkte meine Ausdauer, gab schließlich nach und holte es selber aus dem Versteck. Was sie dann in ihren abgearbeiteten Händen hielt, war ein kräftiges braunes Papier, so speckig, daß es sicherlich einmal einen Batzen Fett enthalten hatte. Umwickelt hatte sie es mit Fasern eines Bananenblattes. Nur sehr zögernd öffnete sie mir das Päckchen, bis ich ein paar verschiedenartige Samenkörner erkannte und das Stück einer vertrockneten Schlange. Ich bat sie, mir das alte Papier mit seinem Inhalt zu verkaufen, hielt ihr als Lockmittel ein paar Geldscheine hin, aber sie redete sich auf ihren Mann heraus, der nicht zu Hause sei und sie fürchterlich schlüge, wenn sie die Körner und die Schlange verkaufte. Als Bekräftigung ihres Redeschwalles, den ich kaum verstand, zeigte sie mit beiden Armen, wie fürchterlich die Schläge des heimkehrenden Mannes sein würden. Da ich aber aus Erfahrung wußte, daß die Anzahl der Scheine die Hiebe vermindern würde, zeigte ich ihr die doppelte Zahl, und schon wurde sie schwach, dachte nicht mehr an den Gatten, und ich war sicher, daß sie Samenkörner und Schlangenhaut schnell ersetzen und somit Geister und Dämonen wieder wohlwollend stimmen würde.

Fast überall auf der Welt, und so auch bei den Aymara, hat die Schlange kultische und magische Bedeutung. Vielfach wird sie mit den Vorfahren identifiziert, und ihre Fähigkeit, sich immer wieder ihrer Haut zu entledigen, gibt ihr den Hauch der Unsterblichkeit. Die Samenkörner im Fettpapier waren wohl die Bitte, das im Haus aufbewahrte Getreide vor Schäden zu bewahren.

Auf einem engen Pfad marschierte ich nun weiter von Haus zu Haus, und bei all meinen Besuchen traf ich stets nur Frauen an, da die Männer in La Paz waren, um dort die geernteten Orangen und Kokablätter zu verkaufen. An einer dunklen verwitterten Mauer entdeckte ich zwei Hörner von Ziegenböcken, und in der Hauswand selbst war ein Loch, in dem Opfergaben lagen. Gehörne aller Art gelten als übelabwehrendes Zeichen und sind, wie wir noch sehen werden, auf der ganzen Welt zu finden.

In einem anderen Haus wurde in einer Nische Weihrauch gebrannt, daneben lagen Federn als Abwehrzeichen und ein kleines Stück von einer Plastikschale. Plastik ist hier das Zeichen für Reichtum und Fortschritt. Obwohl die Aymara alle katholisch getauft sind, erhoffen sie sich doch noch durch diese heidnischen Opfergaben von ihren alten Göttern Glück und Segen für Familie, Haus und Felder. Es ist eine kleine Rückversicherung, hilft das eine nicht, so tut es vielleicht das andere.

Auf den strohgedeckten Dächern waren die christlichen *Kreuze mit weltlichen Gegenständen* geschmückt in der Hoffnung, die beschützende Wirkung des Kreuzes auch darauf auszudehnen.

Aus Blech schnitten sie Ochsen, Schafe, kleine Leitern, die symbolisch zum Himmel führen sollten, und zierliche Glöckchen. Vielfach findet man diese Glocken, sei es in Tibet an Stupas oder in Thailand auf den Tempeln befestigt. Eine leise Windbrise setzt sie schon in Bewegung, und ihr feines Klingeln soll böse Geister und Dämonen verscheuchen. In Europa sind Glocke und Glöckchen ebenfalls Abwehr- und Trutzmittel, zum Teil aus kostbarem Material gefertigt. In Wallfahrtsorten wurden schlichte Glöckchen auch als Mittel gegen Gewitter angeboten.

Auf dem Weg nach La Paz begegneten mir immer wieder angetrunkene Indianer, so daß ich annahm, sie kämen von einer Feier. Das interessierte mich, ich machte den Umweg und geriet so mitten in ein Erntedankfest. Die Veranstaltung wurde auf dem Platz vor der Kirche abgehalten, und was mich hier am meisten faszinierte, war neben der prachtvollen bunten Kleidung der Leute eine große Fahne, über und über mit Geldscheinen und Münzen benäht, die am Kirchenportal als Dankopfer angebracht war. Auch die Kleider der Männer waren auf Brust und Rücken mit Geldscheinen vollgenäht. Es herrschte eine ausgelassene Stimmung, Blasmusik spielte, und einige Indianer tanzten mit riesigen Masken vor ihren Gesichtern einen temperamentvollen Tanz. Durch den lebhaften Tanz wurde die mystische Starrheit der Maske überwunden, und der Träger identifizierte sich mit dem durch die Maske dargestellten Geisterwesen. Das Fest wurde immer wilder, und auch die Trunkenheit nahm zu. Aber bei Sonnenuntergang brachen plötzlich alle auf. Jeder von ihnen wollte vor Mitternacht den schützenden Hof erreicht haben. Der Glaube, daß die Mitternachtsstunde eine Zeitspanne ist, in der Geister und Mächte gefährlich werden können, ist zeitlich und örtlich weit gespannt. Zwölf Uhr ist die Zeit der Geister. Es ist ihre Stunde, in der sie ihr Unwesen treiben, und dann ist es ratsam, ihnen aus dem Wege zu gehen.

Auch bei uns in Europa ist der Glaube an Geister und Hexen, die um Mitternacht auf einem Reisigbesen durch die Lüfte reiten, noch nicht ausgestorben. Ich selber habe in meiner Heimat noch alte Frauen gekannt, die sich rühmten, eine »Hexensalbe« herstellen zu können, mit der sich die Hexen vor ihrem Ritt einreiben. Sie bestand aus den Auszügen von Nachtschattengewächsen, wie Bilsenkraut, Tollkirsche und Stechapfel. Der Pharmakologe H. Fühner hat 1925 darauf hingewiesen, daß die auf die Haut aufgestrichenen Nachtschattengewächse von dieser aufgenommen werden und dann auf das Gehirn wirken: »Es kann keinem Zweifel unterliegen, daß die narkotische Hexensalbe ihr Opfer nicht nur betäubte, sondern dasselbe den ganzen schönen Traum von der Luftfahrt, vom festlichen Gelage, von Tanz und Liebe so sinnfällig erleben ließ, daß es nach dem Wiedererwachen von der Wirklichkeit des Geträumten überzeugt war. Die Hexensalbe stellte in dieser Weise ein Berauschungs- und Genußmittel des armen Volkes dar, dem kostspieligere Genüsse versagt waren. Bemerkenswert ist die vielfach auftauchende Vorstellung der Verwandlung in Tiergestalt durch die Salbe. Die deutschen Hexen glaubten sich in Katzen, Hasen, Eulen, Gänse und andere Tiere verwandeln zu können. Manche Hexensalben enthielten auch Akonit, den giftigen Bestandteil des Eisenhutes. Gerade durch diesen Zusatz mit seinen, die sensiblen Nervenenden in der Haut erregenden, dann lähmenden Alkaloiden konnte die Autosuggestion der Tierverwandlung, des aus dem Körper emporwachsenden Haar- oder Federkleides entstehen, wie wir heute ähnliche von der Haut ausgehende Sinnestäuschungen bei den Kokainisten beobachten.« Ich habe ähnliche Erscheinungen bei vielen Naturvölkern beobachtet, so beim Staatsorakel in Tibet, bei den Zauberern auf Bali oder jetzt wieder hier bei den Aymara, den Maskentänzern, die unter dem Einfluß des Kokains ihr Erntedankfest feierten.

Mein nächstes Ziel war La Paz, die Hauptstadt Boliviens, in der mich vor allem die Kathedrale im Zentrum interessierte. Sie ist dem heiligen Franziskus, Schutzpatron und Freund der Tiere, geweiht. Täglich kann man vor der Kirche Prozessionen sehen, die meist privaten Charakter haben und deren Größe und Farbenpracht vom Wohlstand der um Schutz und Segen bittenden Familie abhängt. Es ist köstlich zu erleben, wie sich hier auf naivste Weise Modernes mit Altem vermischt in daseinsfroher Frömmigkeit. Ich sah chromblitzende, stromlinienförmige Autos mit bunten Tüchern behangen, und oben darauf standen profane Dinge des Hausrates: Schüsseln, Teller, Besteck und vieles mehr. In erster Linie wollte man mit diesen Gegenständen des täglichen Lebens Dank ausdrücken, aber gleichzeitig erbat man sich auch Glück und Segen für die Zukunft im Haushalt, was durch den Segen des Priesters sanktioniert werden sollte. Diese Art von Weihebrauchtum dürfte katholisch-europäischen Ursprungs sein. Im Abendland beschränkt sich diese Segnung auf ganz bestimmte Dinge der Umwelt. Berühmt sind aber die Pferdesegnungen in Süddeutschland, vor allem in Bad Tölz und Traunstein. An bestimmten Tagen des Jahres — in Bad Tölz am Tag des heiligen Leonhard, des großen Patrons der Haustiere, in Traunstein an Georgi — ziehen Reiter und Pferdefuhrwerke reich geschmückt durch die Stadt zu einer Kirche. Hier werden sie vom Priester empfangen, der Mensch

und Tier den Segen erteilt. An vielen Orten werden nun auch die Fahrzeuge — Traktoren, Fahrräder, Motorräder, Autos — gesegnet. Auch hier ist die Segnung meist mit einer feierlichen Prozession verbunden.

An der Kirchenfassade stehen deutlich christliche Symbole neben indianischen Zeichen und *Bildern aus vorchristlicher Zeit.* Diese Gegenüberstellung von alter und neuer

Religion war auch im Abendland seit den frühen romanischen Kirchen gebräuchlich. Vielfach stellt sich in ihnen das Weltbild dar, nach dem die Welt in Stufen geteilt ist. Die Bilder der alten Religion werden dann meist als Zeichen für den Bereich der bösen und gefährlichen Geister, Dämonen und Teufel gebraucht. In La Paz gab es auch Zeichen, die mit dem Fruchtbarkeitskult in Zusammenhang standen. So entdeckte man bei genauem Studium an der Fassade der St.-Franziskus-Kathedrale einen in Stein gemeißelten Phallus. Mit den anderen Zeichen zusammen symbolisiert er wohl das überwundene Heidentum. Den Phalluskult findet man von frühester Zeit bis heute bei den meisten Völkern. Die Darstellung reicht von aus Stein, Holz, Metall und anderen Materialien gebildeten Phalli bis zu dem Horn und dem Fisch, die ebenso phallische Bedeutung haben. Auf dieses Thema, das in engem Zusammenhang mit dem Fruchtbarkeitskult steht, werde ich bei der Schilderung meiner Reise durch Asien (auf Seite 125 und 178) näher eingehen.

Noch ließ ich mich von La Paz faszinieren, das mit Recht als eine der schönsten Städte gilt. Eine Stadt der aktuellen Gegenwart, in deren Bewohnern manches aus vorkolumbischer Vergangenheit weiterlebt. Als Wahrzeichen steht der heilige Eisberg Illimani 6460 m hoch über dem Stadtbild. Im Anblick der sprühenden Lichtreklame erlebte ich staunend die Spannweite, die sich schon im äußeren Stadtbild bekundet. Noch spiegeln sich in den Seelen der Menschen Bilder vielhundertjähriger Traditionen, vermischt mit dem Neuen unserer Zivilisation. Autos rollen dahin, ein paar Karren holpern über die Straße, Menschen eilen ihren Geschäften nach. Und mitten in diesem städtischen Treiben sitzt, an eine Hauswand gelehnt, barfuß, im Kittel der Hochlandindianer, eine Frau und stillt ihr Kind – unberührt von der drängenden und immer mehr gehetzten Welt westlicher Zivilisation.

Ich besuchte, wie fast täglich, den lauten bunten Markt in La Paz. Dort hatte ich immer das gleiche Ziel, eine freundliche, wohlbeleibte Indianerin, welche nur rein indianische Produkte verkaufte. Breit und mütterlich saß sie in ihrem dunklen Laden. Eine helle Strickjacke aus warmer weicher Alpaccawolle gegen die Kälte dehnte sich über ihrem breiten Rücken, und darüber trug sie ein bunt besticktes Seidentuch. Ihre dicken braunen Backen glänzten von Fett, das auch ihre kleinen schwarzen Augen durch das helle Leuchten zu Schlitzen werden ließ. Auf ihrem Kopf saß ein schwarzer Hut, der wie ein abgeschnittener Zylinder aussah. Ich trat in ihren Laden ein. Dunkelheit umgab mich, hier gab es kein elektrisches Licht, es brannte bloß eine rötliche Ölflamme, die den geheimnisvollen Zauber ihrer Gegenstände nur noch erhöhte. Es gab keine Tapeten an den Wänden, keinen Fußboden. Ich stand einfach auf der festgestampften Erde, in die schon so mancher Unrat hineingesickert war. Auf einem alten wackeligen Holztisch, auf dem die Indianerin ihre Ellenbogen aufgestützt hatte, stand alles herum, was ich mir an Amuletten und Talismanen nur wünschen konnte. Kleine Holzfiguren, Zaubersteine in allen Größen, Steinfigürchen als Fetische, die vom vielen Berühren schon kleine Mulden hatten, Abwehrsymbole jeglicher Art, alles war bei ihr zu haben. Und inmitten dieser Glücksbringer und Abwehrzeichen, unübersehbar, bunt, lebendig der »Ekhekho«, ihr guter Hausgeist oder Glücksgott. Ein vielleicht dreißig Zentimeter hoher Zwerg mit großem Kopf, großen Füßen, aber kleinem Körper stand auf dem Tisch, als die zentrale und verhätschelte Figur des ganzen Ladens. Auf dem Kopf über dem freundlich, fast listig schauenden Gesicht trug er eine warme Kinderwollmütze, reich und bunt bestrickt, mit blauer Quaste. Auf gelbem Grund waren tanzende Paare dargestellt. Bepackt war der kleine Wicht von oben bis unten mit Bildern und Plastiken und allen nützlichen und erfreulichen Dingen des Lebens. Da waren Geldscheine, alte und neue, Schmuck, echter und falscher, Miniaturhausgeräte, Stoffpuppen, alte Hüte, kleine Häuschen, Autos, Säckchen mit Münzen und Lebensmitteln und eine zarte Frauenhand, die, wie ich beim näheren Hinschauen erkannte, sogar aus reinem Gold war. Eine Kette hing um seinen Hals, an der zwischen seltenen Muscheln, die es hier im Hochland nicht gibt, alles baumelte. Tierköpfe, Menschenfiguren, Häuser, Phallussymbole, ja sogar eine Bibel war dabei. Ein feines Rauchwölkchen aus dem Munde des Ekhekho ließ mich verwundert näher hinschauen, und ich erkannte eine Zigarette, die man ihm in den Mund gesteckt und angezündet hatte. Da der Kopf hohl war, mußte wohl irgendwie Zugluft entstehen, welche die Zigarette leise glimmen ließ. Gleich unter seinem Kinn stand ein zierliches Messingtellerchen, in das die verbrannte Asche hineinfiel. Der gute Hausgeist wurde geliebt und verwöhnt wie ein eigenes Kind, und hatte die Alte ein gutes Geschäft gemacht, so wurde immer dem Ekhekho etwas geopfert, sei es eine Zigarette oder ein paar Geldscheine. Dafür erwartete man allerdings, daß er für ununterbrochenes Glück und Wohlergehen sorgte. Es war mir klar, daß die Indianerin niemals ihren Hausgeist an mich verkauft hätte. Ich versuchte es auch gar nicht. Aber da ich inzwischen ein guter Kunde von ihr geworden war, schleppte mir die gutmütige Frau eines Tages den Ekhekho samt allen Amuletten vor die Ladentür auf die Straße, damit ich ihn bei Tageslicht und in Ruhe filmen und fotografieren konnte. Ein Bild davon ist gegenüber Seite 96.

Ich habe diese gutmütige Indianerin nie nach ihrem Glücksgott gefragt, aber sie muß meine Freude und mein Interesse bemerkt haben, denn eines Tages überraschte sie mich mit einer kleinen Ausgabe ihres eigenen Ekhekho, die allerdings nur mit einer »Grundausstattung« behängt war. Dazu müßten im Laufe der Zeit meine eigenen Opfer kommen, empfahl sie mir, und dann sähe er bald so aus wie der ihrige. Später sah ich noch viele solche Ekhekhos, fast jeder Haushalt besaß einen. Sie waren oft recht kostbar aus Silber und Gold getrieben, manchmal sogar mit Edelsteinen besetzt. Man ließ ihn an allen Genüssen des Lebens teilnehmen in dem Glauben, daß dann die eigene Glückssträhne auch nicht abriß.

Wie bei allen Völkern, spielte auch bei den Aymara die Fruchtbarkeit eine wichtige Rolle. Und so stieß ich immer wieder auf Symbole, welche die Fruchtbarkeit versinnbilden: Amulette, wie zum Beispiel die Darstellung der Vereinigung von Mann und Frau, die man am Körper trug und deren Kraft und Macht man sich versichern wollte.

Außer den dunklen Läden gab es in La Paz natürlich noch offene Marktstände. Was entdeckte ich hier nicht alles! Die Magneteisensteine und Eisenspäne, die mir eine Frau verkaufte, waren Hilfsmittel für Liebe und Fruchtbarkeit. In naivem Glauben nähte die Frau sich die Eisenspäne in ihren Rocksaum ein und schmuggelte dem von ihr begehrten Mann heimlich einen Magnetstein in die Kleidung. Nun hoffte sie, mit Hilfe des magischen Magnetismus den Mann an sich ziehen zu können, oder wenn sie schon verheiratet war, sich des Gatten Treue zu erhalten.

Glücksbringer für Kaufleute und Händler, kunstvoll aus Alabaster geschnitten, gab es nur im Laden meiner alten Indianerin.

Von ihr stammte auch das Amulett einer Marktfrau mit einem Korb im Schoß und eine *Alabasterhand*. Handdarstellungen findet man seit Urzeiten auf der ganzen Welt, sei es als Machtsymbol, sei es als schützende oder abwehrende Kraft. Diese Hände werden auch als Amulette um den Hals getragen und waren hier in Lateinamerika wohl spanischer Herkunft. Eines der kostbarsten Amulette meiner Sammlung konnte ich ebenfalls in La Paz erstehen: ein winziges *Ochsengespann,* begleitet von Rindern und Schafen inmitten eines Hofes mit Haus, Brunnen und Garten, geschnitzt aus Alabaster. Es stellte eine ländliche Szenerie dar, in der selbst Felder und ein Ehepaar mit Kind nicht fehlen. Es ist ein Schutz- und Abwehrzeichen gegen die Bedrohungen von Haus und Familie durch Feuer, Krankheit und schlechte Ernte.

Unter den vielen Marktständen mit wunderwirkenden Glücksbringern und Schutzzeichen fand ich auch eine Frau, die Kräuter, Mineralien, Samen, bunte Bonbons, Silber- und Goldfolien, Stücke von Schlangen, Eidechsen und sogar Lama-Embryonen anbot. Das alles waren Zutaten für glückbringende Arrangements, die sich jeder nach Wunsch und Geldbeutel zusammenstellen lassen konnte. Schönheit, Größe und Vielfalt richteten sich nach dem Preis, den man zu zahlen gewillt war. Ich ließ mir gleich mehrere herrichten und habe sie alle heil mit nach Hause gebracht.

Der Lamafoetus wird vor allem beim Bauopfer und als Hausamulett benötigt. Dabei handelt es sich um eine Sammlung von schutzkräftigen Dingen mit dem Namen Cuchu. Es ist vor allem eine Gabe an die Pachamama, in der etwas von der Vorstellung einer »Mutter Erde« weiterlebt, die ja beim Legen der Fundamente gestört wird und deshalb besänftigt werden muß. Nach Ausheben der Gräben wird Alkohol hineingegossen und ein Bündel hineinversenkt, das aus Blumen, Konfetti, Geld und dem besagten Lamafoetus besteht.

An den Anblick des Lamafoetus, des Embryos der kamelverwandten Nutztiere der Hochlandindianer, die früher die vornehmlichsten Opfertiere an die Sonne waren, konnte ich mich nie ganz gewöhnen, obwohl er Zutat eines jeden Arrangements und in der trockenen Luft von La Paz auch sehr lange haltbar ist. Als Bauopfer werden auch kleine Tongefäße, mit Salzsteinchen gefüllt und abgedeckt durch farbige Haare und eine Lage Silber- und Goldfolie, verwendet. Wenn jemand neu ein Haus baut, wird solch ein Paket unter der Türschwelle mit eingemauert, oder man verbrennt alles, und die Asche wird im Fundament eingegraben. So schützt man mit dieser Vielfalt von Opfergaben und Abwehrzeichen Mensch, Tier und Haus.

Unter den Kräutern entdeckte ich auf dem Markt auch ein kleines Büschel Pimpernell, das mich ganz heimatlich anmutete und vermuten ließ, daß diese Pflanze von den spanischen Konquistadoren eingeführt wurde. Kaum eine Krankheit hat so die Angst und Phantasie der Menschen angeregt wie die Pest in vergangenen Jahrhunderten. Als einzige Abwehr kannte man das Ausräuchern »verpesteter« Häuser und Gegenden mit stark riechenden, ja stinkenden Mitteln. Da der Pimpernell penetrant bocksartig riecht, wandte man ihn wegen dieser Eigenschaft gegen die großen Seuchen an. Auch der berühmte Arzt Paracelsus erwähnt den Pimpernell in diesem Zusammenhang, durch den »die pestilentz im schweiß ausgetrieben wird«. Aus Österreich erzählt man, daß, als einmal die Pest im Wienerwald ausgebrochen war und ganze Dörfer heimsuchte, die Menschen in ihrer Verzweiflung Gott um Hilfe anflehten. Ihr Bitten wurde erhört, denn eines Tages sahen sie einen Vogel, der rief: »Iß Kranabir und Bibernell, so wirst nit krank und stirbst nit schnell!« »Kranabir« sind die Beeren des Wacholders.

Außer dem Pimpernell waren natürlich noch viele andere Wurzeln und Kräutlein in den Arrangements der Indianerfrau

Rechte Seite:
Totenschädel auf Holzpfählen kennzeichnen weithin sichtbar die Stammesgrenzen der Bergpapua und sollen sie vor Überfällen schützen.

enthalten, aber die meisten waren mir fremd. Nie fehlte ein Stück von einer Schlange, denn sie gilt als magisches Tier, als Zeugungshelfer und auch als Ahnentier, so daß man ein Stück von ihr gern als Talisman bei sich trägt. Das Stückchen von einer Eidechse mag vielleicht aus dem Wissen stammen, daß die Eidechse zu den magisch abwehrenden Tieren gehört. Es ist eine Geschichte von der Erblindung und glücklichen Heilung der Eidechse bekannt, welche die Folgerung erlaubt, daß man sie als Talisman trug, um sich vor schwerem Unheil wie Erblindung zu schützen. Ob das allerdings auch auf die Eidechsen zutraf, die ich hier in Südamerika häufig als Amulette fand, weiß ich nicht.

Alle Geschichten, die ich über Schutz und Abwehrzeichen auf meinen Reisen gehört habe und die sich zwischen Mythos und geschichtlicher Wirklichkeit bewegen, schwirrten in meinem Kopf herum, als ich mich auf der staubigen ausgefahrenen Straße von La Paz zu den östlichen Abhängen der Anden befand. Hier an den Berghängen zum Amazonas hin, den sogenannten Jungas, leben die umgesiedelten Aymara-Indianer, die all ihre Schutz- und Abwehrzeichen gegen Geister und Dämonen mit in die Niederungen dieses Urwaldgebietes genommen haben.

Die feuchten Nebelschwaden des Amazonas brodelten durch die mit Bartflechten bewachsenen Bäume hinauf, und so erschien mir das erste Dorf mit seinen Schafzüchtern geradezu gespenstisch. Kein Wunder, daß man sich hier von Berggeistern und Dämonen umgeben fühlt und Abwehrmaßnahmen gegen ihr beängstigendes Wirken ergreift. An ihre strohgedeckten Hütten war ein Kral aus Steinmauern für ihre Schafe angebaut, und auf

Linke Seite:
Auf dem Hochsitz bewacht ein toter Ahne das Batatenfeld bei den Bergpapua auf Neu-Guinea. Im Hintergrund wird das Lager der Harrer-Expedition aufgeschlagen.

jede der drei freien, aus locker aufeinandergeschichteten Steinen aufgebauten Mauerseiten hatten sie einen *Steinmann* gesetzt. Kleine, aus würfeligen Steinen gebildete Häufchen, welche die Herde gegen die Nachtgespenster beschützen sollten.

Aber auch die Menschen selber fürchteten sich vor den Geistern und errichteten auf ihren Dächern einfache Holzkreuze, behangen mit aus Metall angefertigten oder in Holz geschnitzten Tieren und Glöckchen, deren Gebimmel die Geister vertreiben sollte. Wieder einmal sah ich das christliche Kreuz vereint mit magischen Symbolen auf dem First eines Hauses.

Schon auf dem Weg zu den Jungas habe ich auf der Höhe des 4654 m hohen Cumbre-Passes Steinhaufen beobachtet, aber es fegte damals gerade ein solcher Schneesturm über die Anden, daß Paßkreuz und Opferstellen tief verschneit waren. Ich dachte zurück an die Jahre von 1944 bis 1951, als ich Dutzende von Pässen im Himalaja überquert hatte und auf jeder Wasserscheide diesen *Steinhaufen* begegnet war, vollgesteckt mit Tierschädeln, Federn und Gebetsfahnen, welche die gefährlichen Dämonen befrieden und wohlgesinnt stimmen sollten. Ich habe Pässe überschritten, auf denen Steinhaufen standen, die meterhoch waren. So wurde seit Jahrhunderten Stein für Stein von den Reisenden und Pilgern auf den Paß geschleppt und dort als Ausdruck des frommen Glaubens, als Zeichen der Bitte um Schutz und Segen und als Opfergebärde an die Überirdischen, an Gott oder die Götter niedergelegt. Für die Tibeter gab es gar keinen Zweifel, daß die bösen Geister und Dämonen sich in diesen Höhen aufhielten. Beweis für ihre Anwesenheit war ihre eigene Atemnot, die sie stets auf den Pässen verspürten. Sie wußten nichts von Sauerstoffmangel in großen

Höhen und glaubten, der giftige Odem der bösen Geister umwehte sie. Für mich waren diese Steinhaufen immer eine wahre Fundgrube, man entdeckte seltene Mineralien und Fossilien, die für die Tibeter stets mit einem Geheimnis umgeben waren, da sie deren Ursprung als übernatürlich, göttlich ansahen.

Als ich während meiner Flucht von Indien nach Tibet auf den 6000 m hohen Guring-La kam, fand ich dort ein Meer von Steinmännern, und hier in der Einsamkeit und Größe der Landschaft verstand ich es, daß in den religiösen Vorstellungen der Tibeter die Berge des Himalaja Sitz und Thron der Götter sind. Hier war auch der Ursprung ihrer eigenen Ahnen, und nach dem Tode würden sie dorthin zurückkehren. Weit über den Pässen, wo noch die bösen Geister ihr Unwesen trieben, hoch oben auf den eisbedeckten Gipfeln, thronten die segenspendenden Berggötter. Sie haben kaum noch etwas mit den bösartigen Berggeistern zu tun, die in Felsen und Bäumen hausen und den Menschen Krankheit und Tod bringen. Als ich schon fast zu Tode erschöpft am Ende meiner Flucht eine riesige Gebirgskette vor mir liegen sah, wußte ich, daß es das Nyentschenthanglha-Gebirge westlich von Lhasa war. Ein einziger Paß führte darüber, direkt nach Lhasa. Aber ich dachte auch an den mächtigsten aller Berggeister, den Nyen, und hoffte, daß er mir wohlgesinnt sei und mich mein Ziel, Lhasa, erreichen lasse.

Zurückgekehrt nach Europa fand ich die Spuren der »Steinhäufung« auch hier. An einigen Wallfahrtsorten in den Alpen, die hoch in den Bergen liegen, durchschreitet man kurz vor dem Ziel zehn, ja zwanzig Meter lange Steinwälle, die die Pilger herangeschlepppt haben. Dieses Steinetragen ist hier eine Opfer- und Weihehandlung, die die demütige Verehrung des Heiligen bekunden soll.

Ich wanderte in dem Jungadorf an den rohen Mauern der vereinzelt stehenden wenigen Häuser entlang, unschlüssig, ob ich heute noch ihren Friedhof besuchen sollte. Aber meine Neugier war zu groß. Ich fand ihn einen halben Kilometer entfernt, verlassen, einfach nur ein Feld am Berghang voller bemooster Gräber, ohne Einfriedung und ohne ein Haus. Es war ein gespenstischer Anblick, diese Steine und Kreuze und darüber die Nebelschleier, die in dicken weißen Dämpfen vom Amazonas heraufgezogen kamen. Langsam näherte ich mich den einzelnen Grabhügeln und bemerkte an ihren Fußenden ein kleines Loch, groß genug, um die Seele der Verstorbenen auf ihrem Weg in den Himmel entweichen zu lassen. Wenn die Aymara-Indianer auch schon weitgehend christianisiert sind und in ihrem täglichen Leben die moralischen Grundsätze ihrer neuen Religion befolgen, so lebt doch immer noch tief in ihrem Innern ein Stück elementaren sinnlichen Glaubens vergangener Zeiten. Vor allem was den Tod anbetrifft, ist das Alte stärker als das rein Geistige des neuen Glaubens, wie die Löcher an den Gräbern bewiesen. Alter und neuer Glaube begegnen sich jedoch in der Anschauung, daß der Tote in einer anderen, meist besseren Welt in seiner eigenen Körperlichkeit weiterlebe. Das Verhältnis zu den Toten ist ein liebevolles, von tiefer Verehrung geprägtes, aber immer stehen dahinter auch Angst und Grauen vor den Toten, die nicht eingehen konnten in die bessere Welt. So entstanden Riten, die die unerwünschte Wiederkehr der Toten verhindern sollten.

Hier und da sah ich ein paar Knochen zwischen den Gräbern liegen, die von streunenden Hunden ausgegraben worden waren; aber was ich zu finden hoffte, einen trepanierten Schädel, entdeckte ich nicht. Die Trepanation war eine magische Krankenheilung, bei der ein Zauberer oder Schamane einem von der Epilepsie Besessenen oder von starken Kopfschmerzen Geplagten ein talergroßes Stück aus der Schädeldecke herausmeißelte. So grausam die Methode war, wurde sie doch ab und zu mit Erfolg durchgeführt, wie man aus späteren Schädelfunden Überlebender erkannte. Man benutzte scharfe Werkzeuge, meist aus Metall, z. T. aber auch aus Stein, und da die Operation eine kultische Handlung war, waren die Instrumente mit Gottheiten und Symbolen verziert. Immer war man davon überzeugt, daß im Gehirn des Kranken böse Geister saßen und jenen unerträglichen Druck verursachten. Durch das kleine Loch im Kopf konnten sie nun entweichen. Einige dieser alten Instrumente konnte ich bei den Aymara und Ketschua-Indianern finden und kaufen, unter ihnen einen Löffel, mit dem sie Teile des Gehirns entfernt haben — ein verzweifelter Eingriff, den verständlicherweise auch nur wenige überlebten. Ob man die Patienten mit berauschenden Getränken vorher leicht narkotisierte, ist nicht sicher, aber doch anzunehmen. Meist wurde der Kranke in Bauchlage gebracht, von einigen Männern gehalten, und der Zauberer setzte sich auf seinen Rücken, so daß der Schädel gegen eine Unterlage fixiert werden konnte. Daß man trotz der grausamen Methode Schädelfunde von geglückten Trepanationen gemacht hat, bei denen die Ränder verwachsen waren, läßt darauf schließen, daß man die Operation auch bei gesunden, starken Menschen vornahm, die vielleicht nur ein wenig über Kopfschmerzen klagten. Interessant in diesem Zusammenhang ist es, daß man an einem aus der Bronzezeit in Dänemark gefundenen Schädel eine geglückte Trepanation nachweisen kann, da die Schnittränder wieder verwachsen waren. Aus der jüngeren Steinzeit gibt es Beispiele aus Frankreich von etwa 200 trepanierten Schädeln, die aber möglicherweise erst nach dem Tode behandelt worden sind. Die ausgesägten Knochenstücke wurden mit magischen Mustern verziert und als Amulette oder Talismane getragen. Friedrich Morton berichtete, daß die Trepanation von Medizinmännern noch vor mehreren Jahrzehnten auf dem Balkan ausgeführt wurde, wo es Serben gab, die sich sieben- bis achtmal in ihrem Leben trepanieren ließen.

Bei einigen Indianerstämmen, sehr viel weiter im Norden des südamerikanischen Kontinents, gab es den Schädelkult der Tsantsa oder Schrumpfköpfe. Es waren vor allem die angriffslustigen Jivaros, die durch diese Kopftrophäe berühmt geworden sind. Man findet heute kaum noch echte Exemplare. Die wenigen, die es gibt, sind in großen Museen an prominenter Stelle ausgestellt. Um so häufiger trifft man sie als Fälschungen, ja, es hat sich fast eine kleine Industrie entwickelt, die mit der Herstellung künstlicher Schrumpfköpfe Geld von den Touristen verdient.

Der Anlaß, solche Tsantsa herzustellen, steht in enger Verbindung mit dem Schädelkult, dessen Bedeutung äußerst vielschichtig gewesen war. Nach primitiven Glaubensvorstellungen hoffte man Kraft und Stärke des getöteten Feindes zu erringen, oder wenn es sich um einen bedeutenden Mann handelte, glaubte man, daß die Zauberkraft der Trophäe besonders stark sei und einem Glück und Wohlergehen schenke. Der Schädel war Beweis und Garantie der eigenen Stärke, vermittelte Ansehen und Geltung in der Gemeinschaft und war die sichtbare Grundlage des Selbstwertgefühls in einer Welt, die tödlich und gefährlich war. Man verwandte viel Mühe an die Präparation eines solchen Schrumpfkopfes, trennte ihn vorsichtig vom Rumpf des erschlagenen Feindes ab und schnitt die Kopfhaut auf, um den knochigen Schädel zu entfernen. Der mit Kräutern angefüllte Kopf mit allen Haaren daran wurde gekocht. Die Haare, in denen man die Seele des Toten vermutete, blieben in ihrer vollen Länge erhalten, und die desinfizierte Kopfhaut schrumpfte schon ein wenig ein. Für den endgültigen Schrumpfungsprozeß wurde der Kopf mit kleinen heißen Steinen, später mit feinem Sand gefüllt, bis der Kopf die Größe einer Faust hatte. Charakteristisch für die *Schrumpfköpfe* sind die mit langen

herunterhängenden Bastfäden zugenähten Augen und Lippen, die dadurch nicht auseinanderklafften. Immer wieder hört man, daß diese Präparation auch heute noch geschieht, trotz schwerer Strafen, die dafür verhängt werden. Nur ist der Grund ein anderer; nicht mehr Schädelkult und Prestigegewinn in der Gemeinschaft sind die Motive zur Herstellung, sondern Sammler und Touristen bieten leider so hohe Summen für einen echten Tsantsa, daß die Eingeborenen immer wieder einmal in Versuchung geführt werden, solch einen Kopf herzustellen. Wenn sie deshalb auch nicht gerade morden, so schänden sie doch frische Gräber, und so kommt es vor, daß man auch blondhaarige, hellhäutige Schrumpfköpfe findet, die offensichtlich von verstorbenen Europäern stammen.

Ein weiteres interessantes Erlebnis hatte ich in den Jungas mit den Goldgräbern. Mit einer kleinen Militärmaschine flog ich in das Tipuani-Tal, um jene Männer zu besuchen, die dort in einsamen unwegsamen Tälern ihr abenteuerliches Leben führen. Als die spanischen und portugiesischen Konquistadoren Südamerika eroberten und die sagenhaften Goldschätze der Indianer sahen, begnügten sie sich nicht damit, diese zu rauben, sondern sie suchten auch nach den Quellen des Goldes. Dabei trafen sich die Portugiesen, den Amazonas heraufkommend, mit den die Anden überquerenden Spaniern hier im Tipuani-Tal. Sie lieferten sich eine Schlacht, in der die Spanier siegten, und so gehört dieses Gebiet zum spanisch sprechenden Bolivien und nicht zu Brasilien, welches bekanntlich das einzige portugiesisch sprechende Land Südamerikas ist.

Die Methoden, das Gold zu gewinnen, wobei Menschen aller Nationen ihr Glück versuchen, haben sich auch in vier Jahrhunderten nicht geändert. Lediglich das Auspumpen der Schächte hat heute ein alter Dieselmotor übernommen. Die wichtigsten Leute und zugleich so etwas wie Vorarbeiter sind die

Zimmerleute, die den Stollen ausbauen. Dafür haben sie das Recht, nach getaner Arbeit als erste ihren Sack mit dem goldhaltigen Sand zu füllen, und sie tun dies natürlich an der ergiebigsten Stelle. Später kommen die anderen daran, ihren Tageslohn zu nehmen. Der Arbeitsertrag selbst gehört allen gemeinsam und wird von einer Art Genossenschaft verteilt.

In den religiösen Vorstellungen des Minenarbeiters spuken unvermindert Erdgeister und Teufel herum, denen alles gehört, was sich unter der Erdoberfläche befindet. Will man also in ihr Reich eindringen, so muß man sie vorher mit Opfergaben wohlwollend stimmen. Ich habe es selbst miterlebt, als gerade mit dem Bau eines neuen Schachtes begonnen wurde, wie die Goldgräber dem Teufel in der Erde ihr Tieropfer brachten. Die Zeremonie der Teufelbefriedung heißt Challa und der Zeremonienmeister Jatiri. Ein Lama wird durch Halsdurchschneiden getötet, dann schneidet man die Brusthöhle auf, reißt das noch schlagende Herz heraus, und mit Zaubersprüchen schleudert der Jatiri es gegen die Felswand, unter der die Mine erwartet wird. Da der Teufel durstig ist, gehört dazu noch Zuckerrohrschnaps. Der Jatiri ruft dem Teufel zu, daß er ihnen nun eine reiche

Goldader geben möge. Das Fleisch des Opfertieres essen die Bergleute selber, die Abfälle, Knochen und Gedärme, nähen sie wieder in die Haut ein und vergraben alles im Erdreich. Sie freuen sich, mit diesem Fleischbetrug dem Erdteufel auch einmal ein Schnippchen schlagen zu können. Ein Teil des Goldes wird an Ort und Stelle verarbeitet, und neben modernem Schmuck werden auch alte Stücke mit wunderschönen indianischen Motiven kopiert.

Zurück ging es über den Andenpaß, und ich hatte diesmal mehr Glück mit dem Wetter. Die vielen *Steinhaufen*, welche die Indianer als Dank und Opfer für die Berggeister und die Erdmutter »Pachamama« errichtet hatten, waren frei von Schnee, und ich konnte sie mit dem Paßkreuz, vor dem Weihegaben ausgelegt waren — worunter sich wie üblich auch Schnapsflaschen befanden — fotografieren und filmen. Während wir uns auf der Paßhöhe an den *Steinpyramiden* aufhielten, beobachtete ich, daß auch jeder Bus- und Lkw-Fahrer den Berggeistern sein Opfer darbrachte. Noch im Fahren öffneten sie die Tür ihres Wagens und gossen aus einer Flasche ein wenig Zuckerrohrschnaps auf die Straße, ganz in der Nähe der Steinhaufen. Es war ein Opfer an die »Pachamama«.

Auf der Autofahrt hatten uns schon seit vielen Kilometern wild lebende abgemagerte Hunde begleitet, indem sie die Serpentinen abschnitten und immer wieder am Auto erschienen. Auch sie bekamen von den Leuten etwas zum Fressen zugeworfen, womit diese sich wiederum Schutz während der gefährlichen Paßfahrt zu erkaufen hoffen. Sie sagten, daß alle Lebewesen gut behandelt werden müßten, dann würden auch die Berggeister sich wohlwollend zeigen. Auf den ausgedehnten Hängen weideten friedlich die Lamas, die früher, wenn sie eine besonders seltene Färbung, etwa weiß, hatten, in den Tempeln zu Ehren des Sonnengottes geopfert wurden. Heute sind sie nur noch das wichtigste und nützlichste Haustier der Hochlandindianer. Sie liefern das Fleisch und die warme Wolle für die Kleidung.

Steinhäufung, Schnapsopfer und Hundefüttern waren aber nicht die einzigen Handlungen, mit denen man den großen Fährnissen einer Paßfahrt zu entgehen hoffte. Die meisten Indios waren gläubige Christen, und so war es für sie selbstverständlich, daß sie sich bekreuzigten, wenn sie zu einer großen Fahrt das Auto bestiegen, wenn sie an besonders gefährliche Stellen kamen, wenn sie diese glücklich überwunden hatten und wenn die Fahrt gut zu Ende gegangen war. Selten vergaßen sie, wenigstens ein Stoßgebet zu sprechen und sich zu bekreuzigen, wenn sie an einem der zahlreichen Kreuze vorbeikamen, die zum Gedächtnis der mit Bussen oder Lastwagen Abgestürzten an Pässen, Brücken und Schluchten aufgestellt waren. Und meine Erinnerung ließ mich Kontinente und Meere überspringen, und ich sah mich nach einer meiner vielen Bergtouren einen Holzfällersteig über einer tiefen Schlucht abwärtsgehen. Immer wieder hing ein Marterl an einer stämmigen Fichte, auf dem in Wort und Bild dargestellt war, wie irgendein Holzer oder Flößer von einem Baum erschlagen, von Stämmen durch die tödlichen Tobel gerissen oder vom Blitz getroffen wurde. Über der Darstellung des Unfalls war meist das Marienbild einer Wallfahrt in himmlischer Glorie abgebildet, und darunter hieß es: »Durch die Fürbitte Mariens möge Gott der armen Seele gnädig sein.«

DIE NACHKOMMEN DER INKA

Am Titicacasee vorbei ging meine Fahrt weiter nach Peru, wo die Quechua-Indianer leben, die Nachkommen der sagenumwobenen Inka. Es gibt wohl kaum einen Namen, der so von Geheimnis und Bewunderung umwoben ist wie jener der Inka, die sich dank ihres großen Reichtums, aber auch ihrer Intelligenz diesen Nimbus des Außerordentlichen geschaffen haben. Außergewöhnlich waren schon ihre Herrscher, in denen das Volk Götter in Menschengestalt verehrte. Ich besuchte Cusco, einst die Hauptstadt des Inkareiches, in der die Quechua-Indianer leben. Es lockte mich, den östlich von Cusco aufragenden 6600 Meter hohen Ausangate zu sehen, den ich im Sommer 1953 zusammen mit Freunden aus Bayern zum ersten Male bestiegen hatte und der bei den Quechua als der Thron der Götter gilt.

Als wir damals von der 4000 Meter hoch gelegenen Hacienda Lauramarca aus die Besteigung begannen, hatten wir mit den Indianerträgern große Schwierigkeiten. Alle möglichen Opfer mußten gebracht werden, und sie begleiteten uns auch dann nur bis zum Hauptlager. Sie wollten uns auch immer wieder von einem Besteigungsversuch abhalten und meinten, die Götter würden es niemals erlauben, und wir würden bestimmt nicht zurückkommen. Das war auch später ihre Erklärung, als sie während unserer Abwesenheit all unser zurückgelassenes Hab und Gut gestohlen hatten. Es war nicht Diebstahl, sondern sie nahmen unsere Reservenahrung und -ausrüstung nur, weil sie überzeugt waren, wir kämen vom Berg nicht mehr zurück. Allerdings werden manchmal auch erfolgreiche Expeditionen im Dorf gefeiert, weil sie es fertigbrachten, den Thron ihrer Götter unbehelligt und gesund zu besteigen und wieder herabzukommen.

Schon am Titicacasee hatte man uns erzählt, daß auch der Ausangate seinen Gott hätte und seine Opfer brauche. So hatte man eine angeschwemmte Leiche eines im See ertrunkenen Fischers heimlich mit Steinen beschwert und wieder versenkt, denn der Gott würde die Dörfer am See strafen, wenn sie ihm sein Opfer nehmen würden.

Im fünfzehnten Jahrhundert hatte das Reich der Inka seine größte Ausdehnung. Es reichte von Chile bis Kolumbien und von der Küste Perus bis in die grüne Hölle des Amazonas. Vier große gepflasterte Hauptstraßen führen vom letzten Winkel dieses riesigen Gebietes nach Cusco. Hier in der Hauptstadt der Inka, die als heilig galt und in der sich auch der Tempel des Sonnengottes befand, herrschten die Inkafürsten, von ihrem Volk als Halbgötter verehrt. Im Jahre 1526 drangen die Spanier unter Pizzaro in das Land ein, plünderten die Städte und raubten die kostbaren Schätze aus den Palästen. Nach furchtbaren Kämpfen versuchten die Eroberer die Ureinwohner zu christianisieren. Der Versuch der Christianisierung blieb bis heute aus äußeren und inneren Gründen unvollkommen. Die Bevölkerung des Landes außerhalb der Städte konnte kaum erreicht werden. Die wirtschaftlichen und erzieherischen Mittel blieben bis heute völlig unzulänglich. Die alte Religion löste sich auf, und wie oft in Zeiten der Not und des Niederganges blieb das Volk an den Worten von Magiern und Wahrsagern hängen.

Ihrem höchsten Gott, dem Sonnengott, von dem sie ihre Abstammung herleiteten, zollten die Alten größte Verehrung. Aber auch andere Götter wurden angebetet: der Blitz- und Regengott Ilyapa und die Mondgöttin Mama Kilya, die an der Küste noch höhere Verehrung genoß als der Sonnengott. Heute noch wird in Cusco während einer Mondfinsternis ein unvorstellbarer Lärm mit Klappern und Schreien veranstaltet, um das Raubtier, das den Mond zu verschlingen droht, zu verscheuchen.

In den Sternen und Sternbildern verehren die Indianer nach wie vor mythische Tiere, und sie haben eigene Gebete, die sie an sie richten. In den Sternbildern sehen sie die Schutzgeister bestimmter Tiere, wie des Lamas, an dessen Vermehrung auf Erden ihnen sehr gelegen ist, wofür jene Sterngeister sorgen mögen. Opfer brachten sie in mannigfacher Art dar, wie man aus alten Grabfunden feststellen konnte. Im Museum für Völkerkunde in München befindet sich ein Trankopfergefäß aus Terrakotta, dessen Kopf der eines katzenartigen Raubtieres ist, und man vermutet, daß das Loch auf dem Rücken für die Aufnahme von Opfergaben bestimmt war. Von

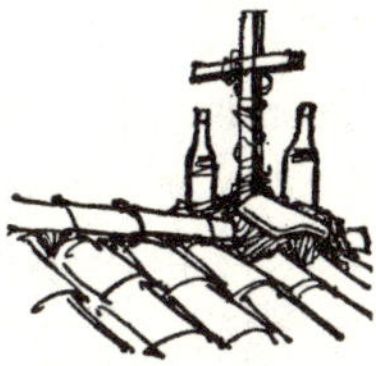

Menschenopfern bei den Inka hört man verhältnismäßig wenig.

Über den interessanten Geschichten der Inka durfte ich mein eigentliches Thema, nach Abwehrzeichen Ausschau zu halten, nicht vergessen, und so machte ich einen Ausflug zu den Quechua-Bergbauern. Schon auf den Dächern ihrer Häuser entdeckte ich neben dem stets vorhandenen christlichen *Kreuz* eine Unzahl von heidnischen Opfergefäßen. Sie reichen von der

Schnapsflasche bis zu handgefertigten Tonschalen. Die schönsten Giebelzeichen ihrer ziegel- und strohgedeckten Dächer sind die *»Torros«*: aus gebranntem Ton nachgebildete Stiere. Es gibt große und kleine *Figuren*, die auf den Dächern immer paarweise

aufgestellt werden, aber alle sind wunderschön bunt bemalt. Auf dem Rücken haben sie eine Öffnung, in welche die Opfergaben gelegt werden. Auch im Innern der Häuser sah ich Torros; sie wurden von Zeit zu Zeit mit Getreide und Alkohol gefüllt, manchmal trank man auch daraus, nachdem man den ersten Schluck auf das Feld gegossen hatte, um eine günstige Ernte zu erbitten. Aus einem Stück rundem Holz hatten sie eine Schale geschnitzt, in deren Mitte ein kleines Ochsengespann stand. Als ich mich mit den Indianern dieser Quechuasiedlung ein wenig angefreundet hatte, gaben sie mir über alle Gegenstände bereitwillig Auskunft. So erfuhr ich, daß solch ein Gespann die Zusammengehörigkeit von Mann und Frau symbolisiere und ebenfalls mit Schnaps und Samen gefüllt wird. Nach der kirchlichen Trauung trinken beide daraus, denn es ist ein Glückstrunk. Sicher war dieses Gefäß spanischen Ursprungs, denn die Bergbauern kannten in vorkolumbischer Zeit keine Ochsen und Kühe.

Die vorher geschilderte Gebärde, den ersten Schluck Schnaps auszuspucken oder einen Schuß Schnaps aus der frisch geöffneten Flasche auf die Erde zu gießen, ist in vielen Gebieten Mittel- und Südamerikas, und zwar in allen Schichten der Bevölkerung, bekannt. Offensichtlich ist sie der meist sinnentleerte Nachklang einer Opfer- und Weihehandlung, die sich auf »Mutter Erde« bezog. Im Volksglauben hat sich nun die religiöse Idee von der »Weihe des ersten Schluckes an die Erdgöttin« — ähnliche Vorstellungen waren in den antiken Religionen des Mittelmeerraumes bekannt — verflüchtigt, und aus der frommen Schluckspende wurde ein abergläubisches Begießen mit Alkohol: die Cchalla. So werden Modelle in Gold und Silber von Autos, Häusern, Hausgeräten und Werkzeugen jeder Art als Amulette getragen, um ihrer Vorbilder teilhaftig zu werden oder ihren Bestand zu sichern. Aber wirklich brauchbar sind diese Miniaturausgaben erst, wenn Cchalla dazukommt. Bei manchen Gelegenheiten sieht man deshalb Männer und auch Frauen beisammenstehen, die solche neuerworbenen Modelle mit Bier, Chicha oder Schnaps begießen und mit Konfetti bestreuen.

Bei den Bauern in den Bergen traf ich auf die mannigfaltigsten Schutz- und Abwehrzeichen. Immer wieder fiel mir auf, daß auf allen Hofmauern eine bestimmte Kakteenart angepflanzt war. Als ich dann eines Tages in eine der Hütten hineindurfte, bemerkte ich in der Dunkelheit des fensterlosen Hauses einen dicken Busch über der Tür. Und hier begegnete mir mit anderen Pflanzen zusammen wieder der gleiche Kaktus. Ein Abwehrzeichen ihres alten Aberglaubens, aber, und das war das Interessante, den größten Wert hatte der Kaktus, wenn er in Kreuzform gewachsen war. So sah ich noch in vielen Hütten friedlich miteinander verbunden das christliche Kreuz aus dem magischen Kaktus mit Kräutern und dem weit verbreiteten Knoblauch. Ihm werden wegen seines starken Geruches zauberische Abwehrkräfte zugesprochen. In vielen Teilen der Erde fand ich den Knoblauch als Kranz im Haus und im Stall, um böse Geister und Hexen zu vertreiben. Aber auch als Talisman wurde er benutzt, und man trug eine kleine getrocknete Zehe bei sich als Glücksbringer und Förderer der Liebeskraft. Eine weitere ganz furchtbar stinkende Pflanze, die dem Wermut ähnlich sah und im Hausgarten gezogen wurde, nannten sie *Arruda* (Weinraute, Ruta graveolens) Wenn man am Haus eines bösen Nachbarn vorbeiging, steckte man einen Zweig davon hinter das Ohr, um vom bösen Blick und Neid verschont zu bleiben.

Es bedurfte meiner ganzen Überredungskunst, um gegen ein paar Peseten einen Kaktus mit Kräutern und Knoblauch, wie ich ihn soeben beschrieben habe, zu bekommen, und als ich den ersten erstanden hatte, rannte die Frau sofort aus dem Haus, suchte auf der Hofmauer nach einem neuen Kaktus, möglichst auch in Kreuzform gewachsen, und befestigte ihn gleich wieder über der Tür. Nachdem nun einmal der Bann gebrochen war, ging es fast wie von selbst, und ich bekam die originellsten Sträuße. Jeder aus anderen Pflanzen, aber immer mit Kaktus, Dornen und Knoblauch. Einer davon ist gegenüber Seite 97 abgebildet.

In meiner bescheidenen Unterkunft verpackte ich nun voll Freude meine kostbaren Sträuße in Plastiksäckchen, beschriftete sie genau mit den Namen der Familien, dem Ort, wo ich sie her hatte, und dem Datum und legte sie säuberlich auf den Boden meiner Expeditionskiste. Monatelang wurden sie so durch die Tropen geschleppt, und erst als ich in München ankam, packte ich einiges bei der Lufthansa aus. Was da aus meinen Plastiksäckchen an Gestank von verfaultem Knoblauch und verrottetem Kaktus herauskam, hätte ganze Legionen von Hexen und Geistern vertreiben können. So waren es nur die Lufthansa-Angestellten, die entsetzt die Flucht ergriffen.

Ein paar Amulette konnte ich auch aus Kolumbien mitbringen. Ein kleines holzgeschnitztes *Geisterschiff*, beladen mit der ganzen Ahnensippe und allen vorkommenden Tieren, hängen die Fischer der kolumbianischen Küste unter dem Dachfirst ihrer Hütten auf und sind dann überzeugt, daß es die bösen Geister

Rechte Seite oben:
Eine Fahne, über und über mit Geldscheinen und Münzen benäht, gilt in Bolivien als Erntedankopfer.

Rechte Seite unten:
Prächtig gekleidete Aymara-Indianer mit Masken und Federbüschen tanzen auf ihrem Erntedankfest im Hochland von Bolivien.

abwehrt und Glück für Haus- und Fischfang bringt. Ich traf auch wieder auf die in der ganzen Welt verbreiteten Fadenkreuze, die man für die totemistischen Zauberhandlungen wie Initiationsfeste und kultische Tänze verwendet. Hier in Kolumbien waren sie aus Pflanzenfasern gemacht, wie sie in Thailand und Neuguinea aus Reisstroh, in Irland aus Getreidestroh verfertigt werden. In Tibet bestehen diese kreuz- und sternförmigen Gebilde aus Holzstäben, in die Wollfäden und Menschenhaar verwoben sind. Im Zusammenhang mit meinen Erlebnissen in Tibet werde ich noch einmal ausführlich auf sie zurückkommen, da sie dort, als Geisterfallen weit verbreitet, eine wichtige Rolle spielen.

Linke Seite:
Mit Hausrat bedeckte Autos fahren vor die San-Franziskus-Kathedrale von La Paz, um gesegnet zu werden.

DER SCHLAF DER EIDECHSE

Drei große Rückzugsgebiete, in denen Menschen leben, deren Sitten und Gebräuche, Religion und Kult sich in einem elementaren Stadium befinden oder in ein solches wieder abgesunken sind, interessierten mich auf meinen Expeditionen am meisten, und darum gelten auch ihnen die Hauptkapitel dieses Buches. Da ist als erstes Land Tibet, meine zweite Heimat, in der ich sieben Jahre als Tibeter unter Tibetern gelebt habe.

Dann Surinam, das Land, in dem sich Kulturelemente der Neger, ja ganze afrikanische Kulturkomplexe besser erhalten haben als im Mutterland Afrika, sich aber mit europäischen und einheimischen Elementen zu einer spezifischen Kultur verfestigen. Ich besuchte es mit dem großartigen Kenner und Freund aller Naturvölker, König Leopold III. von Belgien. Die Welt der Buschneger im Hinterland von Surinam, undurchdringlicher Dschungel und dicke Nebelschwaden, die von den Flüssen aufsteigen, ist für die Vorstellung von geheimnisvollen Mächten, Geistern und Dämonen geradezu geschaffen. Hier können sie ihr Unwesen treiben, und die Phantasie der Menschen kennt keine Grenzen, sich ihr Wirken auszumalen und mit ihrem eigenen Dasein in enge Verbindung zu bringen.

Und schließlich zähle ich das Land der Xingu-Indianer dazu, eines der letzten Paradiese unserer Erde, wo die Indianer dank dem Idealismus und dem Wirken der Brüder Villas Boas fast noch so leben wie zu Zeiten, als der deutsche Forscher Karl von den Steinen im 19. Jahrhundert sie als erster sah.

Monatelang hielt ich mich bei den Stämmen der Xingu-Indianer im Mato-Grosso auf, um neben ethnographischen Studien mein besonderes Augenmerk auf ihre Glaubensvorstellungen zu richten. Sie kennen gute und böse Geister, gute und böse geheimnisvolle Mächte und Kräfte. Die Stämme am Xingu tun alles, um ihr Wohlwollen zu erringen. Nach ihrem Glauben ist die ganze Natur beseelt. Menschen, Tiere, Pflanzen und die Naturkräfte wie Gewitter und Regen sind für sie mit Seele oder Geist begabt und miteinander durch Wirkung und Gegenwirkung verbunden. So ist es verständlich, daß der Zauberer oder Schamane die mächtigste und angesehenste Person in jedem Stamme ist, da er die hervorragende Gabe besitzt, sich mit Tieren, Pflanzen und den übrigen Mächten der Natur zu unterhalten, mit ihnen in innigster Teilhabe zu leben und sich ihrer Einflüsse und Kräfte zu bedienen. In unzähligen kleinen Geschichten, die Karl von den Steinen sich am Xingu von den Kalapalo oder Kamayura erzählen ließ und sorgfältig aufschrieb, kann man ihr inniges Verhältnis zu den Tieren erkennen. Sie leben, wie die mit ihnen verwandten Stämme, mit und von den Tieren und machen sich diese, so gut es geht, als Werkzeugspender, Nahrungsmittel, aber auch als Symbole, Bilder und Zeichen im sozialen wie im religiösen Bereich nutzbar. Seien es die *Krallen des Jaguars*, die spitzen Zähnchen des Hundsfisches, die Gräten der berüchtigten Piranjas oder das zarte Fleisch junger

Affen. Vieles, was sich der Indianer nicht erklären oder was er nicht unmittelbar einsehen kann, bringt er mit den Tieren in

Zusammenhang und leitet es von ihnen her. Eine dieser Geschichten erzählt, daß der Schlaf des Menschen von der Eidechse kam, der man das Augenlid entfernte. Erst mit dem Augenlid des Tieres erhielten die Menschen die Fähigkeit des Schlafens.

Tod und Erkrankung als rein körperliches Geschehen gibt es nicht in ihrer Vorstellung. Für sie sind immer magische Einwirkungen böser Geister, die gar nicht immer als personenähnlich erlebt werden, im Spiel. Gäbe es keine bösen Geister und Dämonen, so gäbe es weder Krankheit noch Tod. Das ist ihre feste Überzeugung, denn die physischen Abläufe des Lebens sind für sie von untergeordneter Bedeutung. Aber da es die gefährlichen Wirkungen der Geisterwelt gibt, mußte man sich ihrer erwehren, und so trug man als Amulett um den Hals zwei Flöten, geschnitzt aus den Flügelknochen großer Vögel.

Bei ernsteren Fällen zog man immer den Dorfschamanen hinzu, und ich war selbst Zeuge einer Krankenbehandlung, die voller Geheimnis und Zauber war. Ein junger Kalapalo hatte sich nach einem freundschaftlichen Ringkampf das Schlüsselbein gebrochen oder die Schulter ausgekugelt und rannte nun schreiend und von bösen Geistern besessen um seine Hütte. Der herbeigerufene Schamane redete beruhigend auf den Verletzten ein, setzte sich neben ihn und zündete sich eine grüne Zigarre an. Mit vor den Mund gehaltenen Händen blies er dicke Rauchwolken über die Schulter des Kranken, so lange, bis dessen Schreien in leises Wimmern überging. Dann steckte er die noch glimmende Zigarre zwischen seine nackten Zehen und strich mit seinen rauchgeschwängerten Händen sanft und rhythmisch über die schmerzenden Stellen. Das alles ging so ruhig, so suggestiv und sicher vor sich, daß man sich dem »Zauber« dieses alten weisen Mannes kaum entziehen konnte. Als er zum Abschluß seiner Behandlung die Schulter noch mit dicken Baumwollsträngen bandagierte und Rauch vom Kranken fort durch die Strohwände der

Hütte blies, waren er und der Verletzte sicher, daß nun auch der letzte böse Geist entwichen war, und mit ruhigen Atemzügen schlief der Patient ein. Es war dies ein verhältnismäßig leichter Fall, und der alte Schamane sagte mir, sicher habe einer, der dem Kranken nicht wohlgesinnt war, ein paar Fingernägel oder Haare von ihm gestohlen, sie in seine Giftkalebasse gesteckt und Schadenzauber damit getrieben. Welche Erfahrung und welches Wissen von Seele und Körper gehören dazu, eine schwere Verletzung auf diese Weise zu heilen!

Wenn die Erkrankung ernsterer Natur war, dann mußte der *Schamane* oft tagelang in den Wald gehen, um sich Rat von den Tieren zu holen. Er verstand ihre Sprache, ja, er konnte sich sogar in ihre Gestalt verwandeln und konnte nun die Waldgeister sehen und von ihnen die Wurzel des Übels erfahren. Nicht immer reichte es aus, an der Hängematte des Kranken zu sitzen, zu rauchen und ihn zu bestreichen. Manchmal mußten sich mehrere Schamanen zusammentun, und dann führten sie rituelle Tänze auf, deren monotone Rhythmen sie mit ihren einfachen Blasinstrumenten begleiteten. Dazu stampften sie mit den Füßen und rasselten mit den samengefüllten Kürbissen. Die Gabe, Kranke zu heilen, war nur eine von ihren vielen Fähigkeiten. Ihre wichtigste Aufgabe war, Unheil vorauszusehen und es abzuwenden. Durch die Kenntnis vieler Heilpflanzen und Kräuter konnten sie sich in Trance versetzen, und in diesem Zustand der Entrücktheit weissagten sie, ob Krieg oder Frieden herrschen würde, die Felder genug Maniok reifen ließen, die Regenzeit die Flüsse anschwellen lasse und damit die begehrten Fische kämen. Der ganze Stamm war überzeugt von ihren natürlichen und übernatürlichen Kräften, glaubte an sie und beugte sich ihrem Rat und Einfluß. Sie waren neben dem Häuptling die großen Organisatoren des Kwarup, jenes Totenfestes, das ich vier Tage lang in ihrem Dorf mitfeierte. Nur der Schamane kann die Verbindung zu der Seele des Toten aufrechterhalten, die während des Festes unter der Erde des Dorfplatzes noch mitten unter ihnen weilt. Der Schamane begleitet mit dem Rasseln seiner Kürbisse das Aufstellen und Umtanzen des Totenpfahles, er ist es auch, der aus der Erde des Dorfplatzes und dem Wasser des nahen Sees die Kuchen formt, welche die Seele auf ihrem langen und beschwerlichen Weg ins Reich der Toten stärken sollen. Die Milchstraße, die dorthin führt, ist von Gefahren gepflastert, und um die Mutproben gegen Habicht und Anaconda zu bestehen, bedurfte es schon der vom Schamanen verzauberten Wegzehrung. Groß war die Macht dieser Schamanen, aber groß auch die Gefahr, die ihnen drohte, brach einmal unvorhergesehenes Unglück über den Stamm herein. Dann fand sich immer ein Rächer, der das Versagen des Zauberers schwer bestrafte.

Es war ein harter und langer Weg, bis man Schamane eines Stammes wurde, und in frühester Jugend mußte man sich dafür entscheiden, wenn man sich berufen fühlte. Meistens waren es Buben, die eine schwere fiebrige Erkrankung durchgemacht hatten und deren wirre Fieberphantasien man als Weissagungen und Prophezeiungen wertete. Sie waren ausersehen, zu einem der alten Zauberer in die Lehre zu gehen, dort mindestens einen Monat mit ihm zusammenzuleben und sich in dieser Zeit harten Prüfungen zu unterziehen. Sie mußten fasten, durften nur wenig schlafen und lernten es, sich ohne Klagen körperliche Schmerzen zuzufügen. Sie lernten die Tänze und Gesänge und wie man durch anhaltendes starkes Rauchen in Trance verfiel und durch Einnahme eines Narkotikums Visionen hatte, bei denen man das Land der Geister sah und mit den Dämonen Zwiesprache halten konnte, um so Warnungen oder Botschaften von Zukünftigem zu erhalten. Sie gingen in den Wald, unterhielten sich mit den Waldgeistern und nahmen die Gestalt eines Tieres, zum Beispiel eines Adlers an, um weite Strecken fliegen zu können und alles für den Stamm Notwendige zu erfahren. Der Adler war ein von ihnen sehr verehrtes Tier, denn auf der Milchstraße saß ein besonders mächtiger, mit übernatürlichen Kräften ausgestatteter Wächter dieser Gattung und hütete die Straße zu paradiesischem Weiterleben. Darum fand ich auch in jedem Dorf der von mir besuchten Xingustämme am Rande des Dorfplatzes einen *Käfig mit einem Adler*, der gewissermaßen als Garant des Heiles für den ganzen Stamm galt. Er war der verhätschelte Liebling des Zauberers, wurde täglich mit jungen, noch lebenden Tieren, meistens kleinen Affen, gefüttert und war durch diese Verwöhnung dick und schwer.

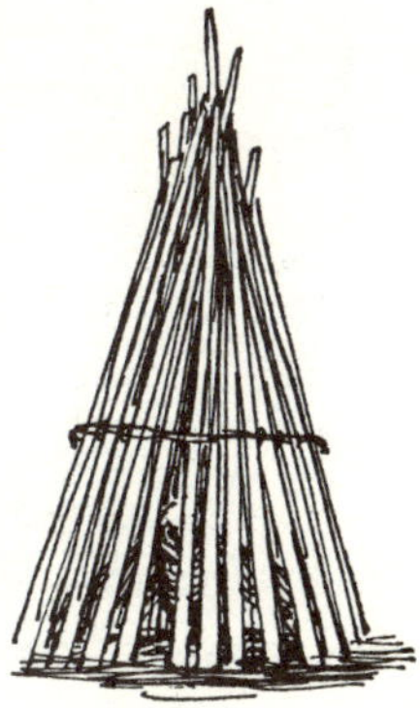

Die mächtigsten und angesehensten Schamanen, die mir begegnet sind, waren Stammesangehörige, die selber eine schwere Krankheit durchgemacht hatten. Epileptiker, Schizoide oder mit anderen außerordentlichen seelischen Anlagen behaftete Indianer hielt man immer für Stammesbrüder, die mit übernatürlichen Kräften ausgestattet seien, und erwählte sie zu Schamanen. Sie erhielten die Weihe durch einen alten erfahrenen Zauberer, der ihren Körper mit einem Gemisch aus pulverisiertem Baumharz und Wasser einrieb, wobei man es besonders in Fingernägel, Haare und Ohren schmierte. Nun mußte der Schüler sein Können beweisen, indem er rauchte, in Trance fiel und sogar »starb«, wie es die Kuikuro nannten. Danach gab man ihm ein Getränk aus Baumharz, Wasser und Salz; zweimal mußte er es hinuntergießen, ohne sich dabei zu übergeben. Gelang ihm auch dieses erfolgreich, so war er ein vollwertiger Schamane und bekam seine machtbezeigenden Gegenstände wie hier bei den Xinguanern die Kürbisrasseln, die grünen Zigarren und die

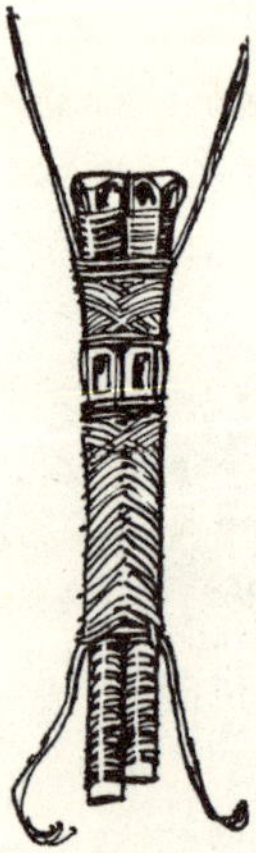

Knochenflöten, welche die Aufgabe hatten, mit den von ihnen erzeugten hohen Tönen Gewitter zu vertreiben, und schließlich noch das Schwirrholz, um den lebensnotwendigen Regen herbeizurufen.

Große Meister waren die alten Medizinmänner im Zubereiten geheimnisvoller Medizinen aus menschlichen, tierischen und pflanzlichen Produkten, und voll Wißbegier übten sich ihre Schüler in der Herstellung der magischen Rezepte. Die Heilwirkung des Tabakrauches habe ich schon beschrieben, aber auch das Tabakpulver und der Tabaksaft sind bekannte Arzneien.

Alte Indianer schlucken Tabakpulver gegen Kopfschmerzen, und Tabaksaft mit Urin gemischt wird auf die Stichwunde des Skorpions aufgetragen. Ich habe Mütter gesehen, die, als eines ihrer Kinder vor Ohrenschmerzen weinte, sich ein paar Haare abschnitten, diese verbrannten und die Asche in den Gehörgang streuten und ein wenig Baumwollflaum hineinstopften. Interessant war auch die Behandlung von Hautausschlägen, die man mit dem roten Farbstoff Uruku oder dem blauschwarzen Genipapo eingrenzte. Der Medizinmann suchte dann nach einem bestimmten Frosch, den er so lange reizte, bis er ein weißes Sekret absonderte, das er dem Kranken auf den Ausschlag strich. Den Frosch warf er danach in den Fluß. So gäbe es noch unzählige Heilmethoden zu nennen, deren sich die Indianer mit mehr oder weniger Erfolg, aber mit felsenfestem Glauben bedienen.

Die bunte Bemalung der muskulösen Indianer am Xingu hat vielfache Bedeutung. Sicherlich lag der ursprüngliche Sinn, sich mit dem Uruku, dem roten Farbstoff der Bixa orellana, und Pikiöl zu bestreichen, in der praktischen Erfahrung begründet, daß man sich damit vor dem Verbrennen durch Sonnenstrahlen und dem Stich der Moskitos und kleinen wilden Bienen schützen kann. Aber aus diesem reinen Schutzbedürfnis gegen die Natur entstand alsbald der Wunsch, sich durch Bemalen mit bestimmten Figuren und Ornamenten auch die magischen Mächte dienstbar zu machen. So sah ich immer wieder auf den kräftigen Rücken der Kalapalo oder Kamayura das gefleckte Fell des Jaguars oder die Schlangenhaut der Anaconda aufgemalt, deren Bilder den Wunsch ausdrücken, es möge die Kraft dieser gefährlichen Tiere in den eigenen Körper eingehen. Außerdem sollte diese furchterregende Bemalung den Gegner, ob es nun ein Feind oder böser Geist war, abschrecken und fernhalten. Ein kleines Kind wurde mir von der Mutter gebracht, um Bonbons zu erbetteln. Es war über und über mit Tupfen aus braunem Pflanzensaft besprenkelt und sah für mich zwar recht lustig aus, aber die Mutter erklärte mir, es habe in der Nacht entsetzlich geschrien, und sicherlich seien Dämonen in seiner Nähe gewesen; nun wolle sie durch diese Bemalung die bösen Geister abschrecken.

Die Heimat der Xingu-Indianer ist reich an Geistern und Dämonen, die nicht nur in den dunklen Wäldern leben, sondern auch in den vielen Flüssen der Savanne. Immer wieder habe ich die Indianer beobachtet, wie sie beim Fischfang und Überqueren der Flüsse mit mächtigen Armbewegungen ihre hohlen Handflächen unter dem Wasserspiegel aneinanderschlugen, um mit dem Knall der laut platzenden Luftblase die bösen Wassergeister zu verscheuchen und von ihrem Weg fernzuhalten. Niemals durften sie den Geisternamen aussprechen, sonst hätte es gleich ein schweres Unwetter gegeben. Sehr bald machte ich ihnen das Händeklatschen unter Wasser nach. Weniger der Geister als der Piranjaschwärme, der Wasserschlangen und Krokodile wegen, die bei dem lauten Knall eilig die Flucht ergriffen.

Magische Kräfte wohnen auch dem Baum inne, denn in ihm

sitzen die Geister, in den Bäumen des Uferrandes und tief drinnen im Dschungel. Um die bösen Geister von ihrem Dorf fernzuhalten, hatten die Xingu-Indianer lebensgroße Figuren in die Stämme der Bäume rings um ihre Siedlung geschnitzt. Meistens waren es die Gestalten berühmter Häuptlinge, die den Lebensbereich des Stammes oder der Sippe markierten, von deren Stärke man sich aber auch einen Schutz gegen böse Mächte erhoffte. Auch tief drinnen im Urwald, entlang ihrer Jagdpfade traf ich immer wieder auf diese Rindenschnitzerei als Besitzmarken und magischen Schutz.

Geister und Dämonen, Tiermythen und ein reiches Brauchtum im Jahres- wie im Lebenslauf bestimmen neben einer so schlichten, aber in einzelnen Dingen unerhört schönen Kultur das Leben dieser liebenswerten Menschen am Xingu. Nie werde ich die großen Versammlungshäuser aus Holz, Flechtwerk, Gras- und Blattbedeckung vergessen, die von großer Schönheit waren — Kunstwerke zwischen Architektur und Skulptur — mit wirkungsvollen Details: den bizarr in den Himmel ragenden *Wurzelstöcken der Firstbäume,* die einen merkwürdigen, fast raffiniert ästhetischen Kontrast zu den sanft geschwungenen Flächen des Bauwerks bilden, oder dem Bild der Anaconda, das sie an und in ihren Behausungen anbringen, jener Schlange, die das Geheimnisvolle, Außer- und Übermenschliche, die Seele und Macht alles Seienden symbolisiert.

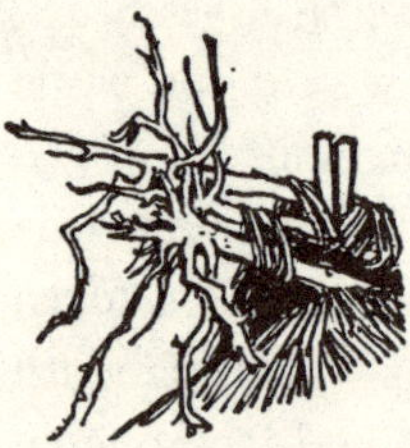

UNTER DEM OBEABAUM

Im Oktober 1966 landete ich mit König Leopold III. von Belgien am Paloumeu-Airstrip in Surinam. Von hier aus wollte ich mich auf dem Wasserwege zu den Wajana-Indianern begeben, um den Ameisen- und Wespentest mitzuerleben.

Es ist eine unerhörte Mut- und Belastungsprobe für Jünglinge und Mädchen anläßlich ihres Initiationsfestes, jener feierlichen Aufnahme der Jugendlichen in die Gemeinschaft der Erwachsenen. Die Wespenprüfung ist das Eindrucksvollste und Bedeutendste im Leben eines Wajana-Indianers. In aus Bast geflochtene Matten, die meistens die Form eines Tieres haben, z. B. des Piranjafisches oder des Gürteltieres, werden mit einem Röhrchen an die 360 Wespen oder Ameisen bis zur Taille hineinpraktiziert, und zwar so, daß auf der einen Seite das Hinterteil mit dem Stachel oder bei den großen Ameisen der Kopf mit den Zangen herausschaut. Diese *Matten* preßt man den Knaben

und Mädchen, die sich vorher eine Nacht lang in Trance getanzt haben, auf den Rücken und auf die Brust, natürlich mit den Stacheln oder Zangen zur nackten Haut. Um die Kniegelenke haben sie ganze Bündel getrockneter Nüsse gebunden, die wie Rasseln klappernd aneinanderschlugen. Ihre Haut ist geschmückt mit den bunten Federn der Tukane und Araras, und dazu blasen sie noch auf einer kleinen Knochenflöte eine eintönige Melodie. Meistens sind die jungen Leute durch vorherige Übungen genug trainiert, um diesen schmerzhaften Test durchzustehen, denn von frühester Kindheit an gehört zu ihren Bubenspielen das Ausheben von Ameisen- und Bienennestern. Solche »Kinderspiele« gehen natürlich nicht ohne Stiche der aufgescheuchten Tiere ab, und so werden die Kinder schon von klein auf etwas unempfindlicher gegen die Schmerzen jener späteren Tortur.

Den Reifefeiern mißt man große Bedeutung bei, und immer stehen sie im Mittelpunkt mystisch-magischer Feste.

Die Wespen- und Ameisenmarter wenden die Indianer dieses Gebietes nicht nur bei Initiationsriten an, sondern auch bei Jagdzauber. So lassen sich Männer, die auf Jagd gehen wollen, von Wespen stechen oder von Ameisen beißen, in der festen Annahme, daß sie dadurch größeren Erfolg haben. Mitunter werden zu diesem Zweck auch Matten, in die die Tiere hineingesteckt sind, wie bei den Initiationsfeiern verwendet. Diese Tiere wie die Form der Matten stehen vielfach in enger Verbindung mit Geistern, die man am besten als Herren des Busches, Waldes und der Tiere umschreiben kann. Durch das Gestochenwerden wird gewissermaßen mit dem Gift zugleich etwas von ihrem Geist aufgenommen.

Surinam ist ein wahres Forscherparadies. Nach meinem kurzen Besuch bei den Wajana-Indianern wollte ich nun die Saramaccaner besuchen, jene Buschneger, die seit der zweiten Hälfte des siebzehnten Jahrhunderts vor allem aus den Ländern der Westküste Afrikas zur Plantagenarbeit nach Surinam verschleppt wurden. Es waren meist Angehörige der Fanti, Ewe und Ashanti. Bereits zum Ausgang dieses Jahrhunderts klagten die niederländischen Farmer, daß ihnen die kostbaren Sklaven wegliefen. Diese hatten hier aber auch eine einmalige Chance: landeinwärts begann der undurchdringliche Dschungel. Und die schwarzen Sklaven nutzten sie. War 1685 die Belohnung für die Rückbringung eines entlaufenen Sklaven noch 5 Gulden, so betrug die Prämie 1717 bereits bis zu 600 Gulden. Nichts konnte die Flucht verhindern, nicht einmal die brutalsten Strafen.

So geschah das Einzigartige, daß sich im Dschungel der Neuen Welt eine afrikanische Jäger- und Beutekultur ansiedelte. Da diese Flüchtlinge lange Zeit völlig abgeschlossen lebten, erhielten sich viele materielle und geistige Elemente ihrer afrikanischen Traditionen zum Teil reiner als in ihrer afrikanischen Heimat, wo sie durch Europäer und Araber, durch christliche und mohammedanische Missionare und Handelsleute in Berührung und fremden Universalkulturen kamen, wodurch ihre Kulturen und Religionen bald die ursprüngliche Geschlossenheit verloren.

Allerdings ist auch die materielle und geistige Kultur der Buschneger in Surinam nicht mehr rein afrikanisch, aber kulturgeschichtlich bietet sie einen Modellfall, da sie zeigt, was aus Menschen ein und derselben Herkunft werden kann, wenn sie verschiedenen kulturellen Beziehungen unterworfen sind. Sind diese Buschneger im Dschungel im Zustand eines sogenannten Naturvolkes stehengeblieben, so sind ihre Brüder an der Küste, besonders in Stadt und Bezirk Paramaribo, Kinder der westlichen Zivilisation mit allen ihren Problemen geworden.

Die Lebensadern dieser Gemeinschaften der Buschneger sind die Flüsse, denn nur auf ihnen kann man sich vorwärts bewegen. Der Dschungel ist undurchdringlich. So mußten auch wir uns mehrerer Boote bedienen, die uns durch die Soulas bringen sollten. Soula ist das Wort der Buschneger für gefährliche Situationen und identisch mit dem Wort für Stromschnellen, jenem Platz, wo sich die bösen Geister und Dämonen aufhalten und man ihnen Opfergaben bringt.

Die Dörfer der Buschneger liegen niemals gleich am Uferrand,

sondern im Schutz des Dschungelinnern. Man erkennt das Vorhandensein einer Siedlung am Flußufer, wo sie einen *Vorhang aus Palmenfransen* aufgehängt haben, der sie gegen die Geister und Dämonen des Wassers abschirmen soll. Diese Vorhänge und die abgetretenen Uferstellen verrieten uns das Vorhandensein eines Dorfes. Nun war für uns äußerste Vorsicht geboten; denn hielt man sich nicht an die Regel der gegenseitigen Verständigung, konnte es geschehen, daß sie einem sämtliche Expeditionskisten mit allem Lebensnotwendigen ins Wasser schmissen. Weiß man aber, wie streng die Dörfer von einem Dorfältesten regiert werden, so schickt man einen Abgesandten zu dem »Granman« und fragt höflich an, ob man anlegen dürfe. Die Clanältesten werden zusammengerufen, und es beginnt ein herrliches Palaver, das ich als Abgesandter unserer kleinen Expedition geduldig anhörte, nicht ohne ihnen vorher eine große Flasche Zuckerrohrschnaps als Gastgeschenk überreicht zu haben. Und endlich verstand ich auch einiges in ihrer merkwürdigen Sprache, dem Taki-Taki, gemischt aus mindestens acht Sprachen. »Der ist freundlich, der gräbt nicht nach Gold und Öl und beunruhigt so auch nicht unsere Erdgeister.« Aber noch war die Zeremonie nicht vorüber. Der Priester begann als erster mit den Gebetsübungen und sprach mit den Göttern, opferte ein wenig von meinem Zuckerrohrschnaps auf die Erde, und dann ging der ganze Clan zum »Godihusi«, das gegenüber Seite 129 abgebildet ist. Eingezäunt von Balken standen die holzgeschnitzten Götzenfiguren, umgeben von zwanzig bis dreißig bunten Fahnen und unzähligen leeren Alkoholflaschen, von deren Inhalt den Göttern geopfert worden war. Bald war der Zeremonien genug, und sie kamen zu unseren Booten, gaben uns die Erlaubnis auszusteigen, bewachten das Ausladen unserer Kisten und wiesen uns in ihrem Dorf ein eigenes Haus an. Auf dem Weg dorthin konnte ich beobachten, daß sich nach dem geisterabwehrenden Palmvorhang der Pfad teilte. Die Männer gingen mit uns geradeaus, den direkten Weg zu ihrem Dorf, während die Frauen den zweiten Pfad entlangliefen, der einen großen Bogen um das »Godihusi« machte.

Es war immer nur dieses eine große und nahe am Fluß gelegene, das die Frauen mieden, bei den vielen anderen *kleinen »Godihusi«* sah ich sie ebenso wie die Männer ihre Opfergaben hinlegen. Im Dorf angekommen, erwarteten sie von uns natürlich ein Fest. Fest – das heißt Zuckerrohrschnaps und Bier, das wir mit ihnen gemeinsam trinken mußten. Stumm saßen wir um den »Captain« herum, auf

prachtvoll geschnitzten Hockern, von denen jeder ein Tiersymbol darstellte. Der älteste Dorfbewohner nahm seine Flasche Bier, begann zu beten und sprach, das Gesicht zur Erde gewandt, zu den Toten. Noch einmal, wie schon während meines Ansuchens um Aufenthalt in ihrem Dorf, versicherte er seinen Untertanen, daß unser Besuch friedlicher Natur sei, wir würden ihnen kein Geld wegnehmen und auch nicht den Fluß verunreinigen. Dann spritzte er Bier und Schnaps auf den Boden und murmelte, wie bescheiden die »Bakra«, die weißen Männer, neben ihm säßen, und wenn ihm die Toten zuhörten, was er nicht genau wisse, dann würde er nur die Wahrheit sprechen. Unsere weiteren Geschenke wurden verteilt, und endlich war alles überstanden. Gegen Abend machten wir einen Spaziergang aus dem sauber gefegten Dorf, dessen Hütten über und über mit Zeichen und Figuren beschnitzt waren. Am Flußufer setzten wir uns direkt unterhalb eines

Soulas ins Mondlicht. Neben uns eine *Fahnenstelle* ihres Gottes, fast drei Meter hoch, mit vielen Tüchern als Kleidung der Toten glatt bespannt. Am Kreuzpfosten sah man die alten morschen Tücher um ihn herumgewickelt, denn jedem Toten wird ein neues Tuch geopfert, und wenn die alten zerfallen sind, ersetzt man auch sie durch neue. Der »Granman« betete nun für uns, opferte etwas Schnaps, und wir sahen, wie die kleine Ölfunzel die Schatten seiner lockigen Frisur auf die weiße Leinwand des Gottesplatzes neben uns warf. Wenn eine Brise kam, verzerrte sich sein Kopf zu einer Grimasse. Über uns wölbte sich der Sternenhimmel, der

Orion zog gerade über die Palmen, Affenbrot- und Kalebassenbäume herauf. Gleich dahinter folgte eine dunkle Wolkenwand. In fünf Minuten war der ganze Himmel mit Regenwolken bedeckt, die über den Mond hasteten und alles noch gespenstischer erscheinen ließen. Schnell legten sie auf einen Felsblock vor der Soula noch ein paar Opfergaben nieder, um bei dem drohenden Wetter wenigstens den Gott des Wassers und des Dschungels freundlich zu stimmen; dann eilten wir in unsere Unterkünfte. Inmitten ihrer Dörfer steht immer ein *Obeabaum*,

Rechte Seite:
Auf dem Markt von La Paz werden Glücksbringer und Schutzzeichen angeboten. Der Ekhekho, der Schutzgeist für das Haus, trägt eine Zipfelmütze und ist mit den verschiedensten Schutzzeichen behangen.

den sie als Wohnsitz eines Geistes betrachten. Er darf deshalb niemals gefällt werden, und ich kannte Geschichten von Buschpiloten, die auf einer Einflugschneise zu einem Dschungellandeplatz um einen Obeabaum herummanövrieren mußten, da sich keiner der Neger bereit gefunden hatte, ihn zu fällen. Sie sind überzeugt, daß im gleichen Augenblick, in dem sie eine Axt an seine Zweige oder an seinem Stamm setzen, sie selber tot umfallen oder auf der Stelle ein »Wisiwasiman« werden, also ein Irrer oder ein Kranker. Der *größte Obeabaum,* den ich in einem Dorf sah, beschattete mit seinen Zweigen viertausend Quadratmeter Land. Ihren Zauberer nennen sie nach diesem Baum den Obeamann, und er ist meist noch mächtiger als der Häuptling oder der »Granman«. Ist man in Not oder weiß man sich keinen Rat, so ruft man den Obeamann, der mit magischen Kräften ausgestattet ist. Er zieht sich in seine Hütte zurück, beschmiert sich mit weißem Ton und Kräutersäften und beginnt, sich so lange in Trance zu singen, bis er hört und erfährt, wie er helfen kann. Die Zeremonie geht dann weiter mit Gesang und Beschwörungen, der Zauberer bringt ein Amulett am Haus des Kranken an, meistens in einer Kalebasse, und von dort wandert er zum »Godihusi«, dem ausersehenen Kontaktplatz zu den überirdischen Mächten. Je nach Schwere

Linke Seite:
Die Quechua-Indianer in Peru, Nachfolger der Inka, schützen ihre Hauseingänge mit Sträußen aus kreuzförmig gewachsenen Kakteen, Kräutern und Knoblauch, denen sie magische Kräfte zuschreiben.

des Falles opfert er eine neue Stoffahne, um die Totengeister freundlich zu stimmen, vor allem, um sich vor der Verfolgung oder gar Wiederkehr eines Toten zu schützen. Mit diesen Stoffstücken ehren sie den Toten und halten die Geister von ihren Behausungen fern.

Die weiße Erde, die sie Pimba-Doti nennen, ist ein viel gebrauchtes Heilmittel bei allerlei Krankheiten. Für den Obeamann ist die Behandlung eine recht gute Einnahmequelle. Zunächst richtet er für den Patienten ein Bad aus vielen wohltuenden Kräutern, und erst dann beschmiert er ihn mit Pimba-Doti, nicht ohne ihn darauf aufmerksam zu machen, daß die Kraft der Kräuter und der Erde nach einiger Zeit erlöscht und er zu einer neuerlichen Behandlung kommen müsse, um den Patienten gegen Epidemien, Totengeister und böse Feinde immun zu erhalten.

Außer den Schutzgeistern, von denen jeder Mensch im Gegensatz zu Tier und Pflanze einen besitzt, verehren sie die Kraft des Wassers. Ihre Begründung, die sie mir immer wieder vortrugen, war einfach: Das Feuer können auch die Menschen machen, das Wasser nur die Götter. Geschnitzte *Bildnisse des Wasserschutzgottes* traf man in den Wäldern versteckt oder am Uferrand, und es fiel mir auf, daß sie im Gegensatz zu ihren sonstigen kunstvollen Schnitzereien ungewöhnlich primitiv gestaltet waren. Auch hierfür bekam ich schnell eine plausible Erklärung: Wir wissen ja nicht, wie die Götter aussehen, also können wir auch nicht ihre Gesichtszüge darstellen. Ihre Hüttenfronten und Türen waren herrlich gearbeitet, und ich konnte fast vierhundert Schnitzereien für meine Sammlung erstehen. Sie stellen überwiegend Fruchtbarkeitssymbole dar, denn die Unfruchtbarkeit einer Frau gilt geradezu als Katastrophe, und daher dient die Symbolgebung

ihrer Schnitzkunst dazu, ihre elementaren Wünsche auszudrükken. Ich hatte das Glück, eine achtzigjährige Buschnegerin zu treffen, die außer Taki-Taki ganz gut holländisch sprach und auch den Sinn aller Symbole dieser Schnitzereien zu deuten wußte. Viele Stunden verbrachte ich bei ihr und machte mir genaue Aufzeichnungen von ihren Erläuterungen. Häufig tauchte die Darstellung einer Kröte auf, und ich bat die Alte um die Auslegung dieses Motivs. Ich erfuhr, daß die Kröte das Sinnbild der Liebe sei, denn das Krötenmännchen ruft die ganze Nacht bis zum Morgengrauen nach seinem Weibchen. Auch im europäischen Kulturraum ist die Kröte ein uraltes Symbol für Fruchtbarkeit und Sexualität, das sich bis in die heidnische Antike zurückverfolgen läßt. In alchimistischen Schriften, wo man die Verbindung von Positiv und Negativ oder von Mann und Frau darstellen will, sitzt häufig unten am Bildrand die Kröte. Das Krötenpulver galt in der Volksmedizin als Heilmittel gegen Nasenbluten, und bei verschiedenen Krankheiten wurde eine Kröte auf die erkrankte Stelle aufgelegt. Zu erwähnen ist noch die Kröte als Gebärmuttersymbol. In diesem Sinne dient sie als Votivgabe in Wachs, Holz, Eisen oder Silber gebildet oder auf Votivtafeln gemalt. Man stellte sich damals vor, daß im Bauch ein lebendes Tier sei, das auf- und niedersteige. Vom Kaukasus bis zu den Alpen, in Italien wie in Nordafrika werden und wurden *kleine silberne Kröten* an einer Halskette sowohl als Sexual- als auch als Fruchtbarkeitsamulette getragen.

Auch von seltsamen Neujahrsbräuchen wußte mir die alte Buschnegerin zu berichten. Da füllen die Eingeborenen am Tage vor Neujahr ein Becken mit lauwarmem Wasser, hinein geben sie Anisblätter, die Jarakopipflanze, Bananenblätter, Orangen- und Zitronenschalen und -blüten und weiße Kamelien. Am Neujahrstag badet man sich in diesem sicherlich herrlich duftenden und belebenden Sud, und die bösen Geister verlassen den Körper.

Später ging sie mit mir zu einer Soula, vor der eine große *Opferfahne* mit vielen leeren Schnapsflaschen stand. Ein Stück flußabwärts zeigte sie mir einen Felsblock, voll bedeckt mit Opfergaben. Er gehörte dem Gott des Wassers. Ein anderer Stein mitten im Fluß war der Trockenplatz für einen toten Aasgeier, der auf einem Kreuzstock aufgespannt war. Da am Fluß die meiste Sonne scheint, werden die Vögel dort, wie es gegenüber Seite 144 zu sehen ist, zum Trocknen aufgestellt. Der Vogel wird später pulverisiert und als Medizin verwendet. Geheimnisvoll ist auch das Schlangenserum Sneki-Koti. Es gab einen Obeamann, der als der berühmteste Kotimacher von ganz Surinam galt, aber nie konnte man von ihm oder einem anderen Medizinmann etwas über die Herstellung des Serums erfahren. Zeuge einer Behandlung bin ich nie gewesen, und eine Rettung durch Sneki-Koti habe ich auch nicht erlebt. Wahrscheinlich bestand es aus einer Mischung von Kräutern, Alkohol und dem Pulver eines getrockneten Tierkadavers. Beim Verkauf betonte man mir, daß das Sneki-Koti höchstens sechs Monate seine Wirkung behält. Der Obeamann behauptete allerdings, daß das Serum vor der Jagd getrunken werden müsse, dann würde man gar nicht erst gebissen. Vorkehrungen werden auch für den Fischfang getroffen. Auf den Boden wird eine Matte gelegt, davor ein *Stab mit Fangleinen* gesteckt und auf die Matte eine Schale mit dem üblichen Schnapsopfer gestellt.

Am Ende unserer Expedition besuchten wir noch das kleine Dorf Drietabbetje. Obwohl ich wie üblich mit Kontaktgeschenken gebeten hatte, anlegen zu dürfen und auch die Erlaubnis erhielt, war man nicht besonders freundlich. Aber ich störte mich nicht weiter daran, denn mich interessierte das besonders schöne »Godihusi« dieses Dorfes mit seinen vielen leeren Zuckerrohrschnaps- und Bierflaschen. Ich bekam die Erlaubnis vom »Captain«, das Gotteshäuschen zu filmen, und machte mich mit meinem Kameramann Herbert Raditschnig an die Arbeit. Wir hatten gerade alles vorbereitet, als ein paar Neger zu uns kamen und sagten, es sei verboten, dieses »Godihusi« zu filmen. Selbst wenn wir eine Erlaubnis hätten, gelte sie für dieses nicht. Wir taten es trotzdem, aber wir hatten noch keine zehn Meter gedreht, da machte es knacks, und unsere gute 16-mm-Filmkamera Arriflex war kaputt. Herbert ging zu unserem Expeditionsgepäck und holte die Reservekamera. Es dämmerte schon, und wir mußten uns beeilen, wollten wir noch gute Aufnahmen machen. Herbert legte einen neuen Film ein und begann zu drehen. Es war alles nahezu ideal: das einmalig schöne »Godihusi« und die gelben Conoto-Vögel über ihm in den Zweigen des Obeabaumes. Es würde ein gutes Stück Film geben, dachten wir. Plötzlich hörte ich, wie Herbert laut »verdammt« rief. Er hatte zum erstenmal auf einer unserer gemeinsamen Expeditionen einen falschen Film eingelegt, und somit war alles unterbelichtet und unbrauchbar. Schnell machte er den Fehler wieder gut, legte den richtigen Film ein und drückte auf den Knopf. Was tat die Kamera? Sie lief und lief und lief und war nicht mehr zu bremsen. Auch sie war kaputt, und wir waren jetzt ohne brauchbare Filmkamera. Für die anwesenden Buschneger war das alles gar nicht verwunderlich. Der Gott, der ohne Erlaubnis gefilmt werden sollte, hatte es verhindert. Als wir unsere Geschichte am Abend der Krankenschwester einer kleinen Missionsstation am anderen Ufer erzählten, sagte sie, daß sie bereits sechsmal versucht hätte, die heidnischen Gesänge auf Tonband aufzunehmen.

Jedesmal wenn sie den Fluß überquert hatte, funktionierte das Gerät nicht mehr. War sie aber zurück auf der anderen Seite, ging es wieder.

Vor den Hütten der Leute und an besonderen Opferstellen außerhalb der Siedlungen sah ich Pfosten mit Kalebassen als *Opferschalen.* Darin haben sie u. a. »Donnersteine« aufbewahrt, die sie wie Reliquien verehren. Es sind alte indianische Steinwerkzeuge, die sie bei der Feldarbeit gefunden haben. Natürlich wissen sie nichts von den Indianern, die einst hier lebten, und glauben, daß diese Steine durch Blitz und Donner von ihren Göttern vom Himmel geschleudert wurden. Sie schreiben ihnen übernatürliche Kräfte zu.

Der Begriff des Donnerkeils oder Donnersteins ist weit verbreitet und wurde auch auf Funde prähistorischer Steingeräte angewendet. Aber auch fossile Überreste gehören dazu wie die Belemniten und die Blitzröhren. Gerade letztere haben die Vorstellung der Eingeborenen gestützt, daß all diese Dinge durch Blitz und Donner vom Himmel gefallen seien. Die Belemniten, auch im Abendland »Donnerkeil« oder auch »Teufelsfinger« benannt, sind ausgestorbene Kopffüßler. Wie diese, werden auch steinerne Pfeilspitzen als Produkte von Donner und Blitz betrachtet und als Amulette getragen. Das Phänomen der Blitzröhren, für die Eingeborenen ein sicheres Zeichen für das Vorhandensein ihrer Götter, läßt sich ebenso leicht erklären wie die »Teufelsfinger«. Wenn der Blitz im sandigen Boden einschlägt, wird dieser zu kleinen Röhrchen aus Kieselglas geschmolzen, die später erstarren. Diese Gestalt der Blitzröhren und Belemniten und die Verbindung mit den fruchtbarkeitsbringenden Gewittern haben auch sicherlich zu Vergleichen oder Gleichsetzung mit dem Phallus angeregt. Donnerkeile, Donnersteine und Pfeilspitzen als Amulette und Abwehrzeichen nehmen auch im tibetischen Donnerkeilglauben einen bedeutsamen Raum ein und werden auf Seite 177 ausführlich besprochen.

In Drietabbetje, wo wir unsere Expedition in Surinam beendeten, erlebte ich am letzten Tage meines Aufenthalts noch eine Krankenheilung, die der erfahrenste Obeamann der Umgebung vornahm. Der Kranke wälzte sich vor Schmerzen auf dem Boden und litt augenscheinlich an einer Kolik. Die ängstlich herumstehende Familie war überzeugt, daß er von einem bösen Geist besessen war, der ihn töten wollte. Vielleicht hat auch ein unfreundlicher Nachbar ihn verzaubert und ihm Böses gewünscht. Selbst ein Amulett hatte diesmal nicht geholfen, also holte man eilig den Obeamann. Dieser erklärte ihnen, daß sie zunächst am Obeabaum Opfer bringen müßten, und dann bekam der Kranke das bewährte Kräuterbad aus einer Kalebasse und wurde anschließend, damit das Bad auch anhielt, mit weißem Ton eingeschmiert. Dem Betroffenen ging es sichtlich besser, aber der Obeamann hatte es auf den ganzen Erfolg und wohl auch auf eine reichliche Bezahlung der wohlhabenden Familie abgesehen. Hier am Obeabaum, wo die Sippe bereits ihre Opfer für die Götter und die Bezahlung für den Medizinmann hinterlegt hatte, arrangierte er nun einen Tanz mit allen kultischen Gegenständen. Er befahl dem vom bösen Geist Besessenen samt Familie, sich in Trance zu tanzen, und nun begann der Kranke zu reden. Jetzt konnte der Geist aus ihm sprechen, und nach der Musik und dem, was er in Trance sprach, stellte der Obeamann fest, welcher böse Geist von ihm Besitz ergriffen hatte. Der böse Geist heißt Wintie. Jeder Mensch hat seinen eigenen Wintie, und jeder Wintie hat wieder seine eigene Tanzmelodie und seine eigene Geschichte. Man weiß vorher nie genau, welcher Wintie die Ursache des Übels ist, und so werden alle Tänze durchprobiert, bis sich der richtige zeigt. Kommt der richtige Wintie, gerät der Kranke in Ekstase, zittert und schwitzt, und nun weiß der Obeamann, von welchem Wintie der Kranke besessen ist, und kann das Amulett und Opfer danach bestimmen. Die Sprache, die der Schamane und Kranke während des Wintietanzes sprechen, heißt Gromati. Ich konnte fünf Tänze miterleben, der erste hieß »Papa Wintie«; der Kranke tanzte wie eine Schlange. Der zweite »Togri Wintie«, jetzt tanzte er gar nicht, sondern machte nur ein wildes Gesicht, fletschte die Zähne und ahmte das Gebrüll einer Raubkatze nach. Beim »Watramama Wintie« sprang der Kranke in Trance ins Wasser und blieb eine Zeitlang untergetaucht. Der vierte Tanz hieß »Ingi Wintie« und war ein Indianertanz. Beim fünften und letzten, dem »Buschimama-Wintie«, ging er in den Busch, erkletterte Bäume, riß Wurzeln aus und fing mit dem ausgerissenen Baum an zu tanzen. Ich habe öfters Buschneger so tanzen sehen, ihr Herzschlag ging wie rasend, und die Pupillen wurden fast so groß wie die ganzen Augen. Immer hatten sie vorher ein Narkotikum genommen und sich mit dem Zuckerrohrschnaps berauscht, um derart in Ekstase geraten zu können. Es gibt einen Bericht des bekannten Volkskundeforschers Peuckert, der selbst Versuche mit einer »Hexensalbe« machte, deren Rezept er der 1568 erschienenen »Magia Naturalis« entnahm. Er machte das Experiment zusammen mit einem ihm befreundeten Rechtsanwalt. Sie strichen sich mit der Salbe ein und verfielen in einen rauschähnlichen Schlaf, aus dem sie wie nach schwerer Trunkenheit mit Kopfschmerzen und ausgetrocknetem Mund erwachten. Peuckert berichtete: »Wir hatten wilde Träume. Vor meinen Augen tanzten zunächst grauenhaft verzerrte Gesichter. Dann plötzlich hatte ich das Gefühl, als flöge ich meilenweit durch die Luft. Der Flug wurde wiederholt durch tiefe Stürze unterbrochen. In der Schlußphase schließlich das Bild eines orgiastischen Festes mit grotesken Ausschweifungen.« Diese Traumszenen decken sich weitgehend mit den Erlebnissen der Medizinmänner während ihrer Trancetänze und machen verständlich, daß sie glauben, von der Erdgebundenheit fort in andere Reiche zu entschwinden.

Zahlreich waren die Amulette gegen Geister und Dämonen, die ich bei den Buschnegern sammeln konnte. Aber leider bekam ich keine Masken. Erst im Kongo und an der Ostküste Afrikas, der Urheimat der Buschneger, konnte ich erwerben, was ich dort vergebens gesucht hatte.

Obwohl die afrikanischen Völker im Laufe der Zeit viele von Europa und mediterranen Kulturen eindringende Einflüsse aufgenommen haben, gibt es doch noch Gebiete, wo wir afrikanische Kunst und Kultur verhältnismäßig unvermischt finden. Eine entscheidende Rolle spielt auch hier der Ahnenkult, und so sind die überwiegenden Symbole neben Pflanze und Samenkorn Statuen ihrer Ahnen. Vielfach stellen ihre Masken die Geister der verstorbenen Vorfahren dar, durch die sie mit den Toten Verbindung haben. In dem Moment, in dem ein Mensch die Maske anlegt, fühlt er sich von der Kraft des geisterhaften Ahnen durchdrungen und kann in dessen Sprache reden. Mit Musikinstrumenten, meistens Trommeln und Kalebassen, versetzt er sich in Ekstase, in der er Botschaften erhält, die er seinen Stammesgenossen weitergibt. Die oft erschreckende Dämonie der Masken, verbunden mit der Vorstellung, die Geister der verstorbenen Ahnen in ihr zu erleben, nimmt Besitz von den Tänzern und dem teilnehmenden Clan und versetzt alle in einen rauschähnlichen Zustand. Neben diesen Masken ihrer Ahnen gibt es die dämonischen Masken, die den Sinn haben, durch ihr schauerliches Aussehen die bösen Geister zu vertreiben, die also echte Schutz- und Abwehrzeichen darstellen. Man will das Böse verbannen, indem man es darstellt. Es ist der Mut, sich mit den bösen Mächten auseinanderzusetzen, um Ruhe und Frieden im eigenen Dasein zu erlangen. Wichtig dabei ist die Verbindung der Maske mit dem Menschen. Man muß sie aufsetzen, um der Kraft des betreffenden Geistes teilhaftig zu werden. Allein ist sie wirkungslos. Groß ist die Zahl der Mythen, die sich mit dem Entstehen der Masken beschäftigen. Neben den Masken von Dämonen, Geistern und Ahnen findet man vor allem bei den Naturvölkern, die Jagd betreiben, die Tiermaske. Auch hier ist man überzeugt, durch Anlegen der Tiermaske die Kraft und Stärke des Löwen, Tigers oder Jaguars zu übernehmen. Aus Mali konnte ich eine Antilopenmaske mitbringen, sie ist das Stammesemblem der Bambora-Neger und bringt dem Träger Kraft und Schnelligkeit der Antilope.

Wann immer ich in Südamerika oder auf einer der Karibischen Inseln (Haiti) bin, versuche ich Kontakt mit den afroamerikanischen Negern zu bekommen, um an einem ihrer geheimen Trancetänze teilnehmen zu können. Unvergeßlich sind mir zwei davon, einer in Paramaribo und einer in einem einsamen Wald außerhalb von Rio de Janeiro. Bei einem dieser Macumbariten war es besonders unheimlich. Ich sollte möglichst selbst wie ein Neger erscheinen, damit die Beteiligten nicht gestört würden und in ihrem Trancezustand nicht gegen den Eindringling aggressiv wurden. Es wurde mir immer als sehr gefährlich für mich geschildert. Ein Altar war voll mit Figuren christlicher Heiliger sowie Neger- und Indianergötter, und selbst für den Teufel war eine Nische mit einer Öllampe vorgesehen. Nachdem der Macumbaanführer, Quimbanda genannt, Zuckerrohrschnaps getrunken hatte, inhalierte er schwere Zigarren und begann nun im halbtrunkenen Zustand in Begleitung von Trommeln sich zu drehen und zu bewegen. Mit Kalk zeichnete er geometrische Linien auf die gestampfte Erde, deren Zentrum ein Hexagramm war. Diese Figurationen lassen eindeutig mediterran-nordafrikanische und zum Teil europäisch-neuzeitliche Einflüsse erkennen. Ein Feuer wurde entfacht, Kerzen angezündet, und nun kamen aus dem Wald weißgekleidete Frauen, im ganzen acht, die in einer Reihe standen, rhythmisch in die Hände klatschten und kurze Tanzschritte machten. Nach einigen Stunden wurde die Szene aufgeregter und schneller. Die Schritte und das Klatschen und Drehen wurden verzückter, die Frauen verdrehten ihre Augen, und ihre Bewegungen waren ekstatisch wie bei den Fruchtbarkeitstänzen in Afrika. Sie waren nun besessen, warfen sich auf die staubige Erde, der Schweiß rann ihnen von der Stirn, einige rissen sich die Kleider vom Leib. Dieser körperliche Sinn für Rhythmus, für höchst expressive und motorisch raffinierte Ausdrucksgestaltung durch Gebärden und körperliche Bewegungen ist gepaart mit einer Vorliebe für eine nicht weniger bewegte und beunruhigende Farb- und Formengestaltung.

Die Macumbariten zeugen von einem typischen Besessenheitskult. Sowohl der Quimbanda als auch die anderen Teilnehmer können von Familiengeistern und guten Gottheiten besessen sein, die durch den Ritus herbeigerufen werden. Die Medien werden dann von den Gläubigen befragt. In Rio de Janeiro werden die Macumbariten offensichtlich von Nachkommen der Kongo- und Angolasklaven ausgeführt.

Bei den Macumbariten sieht man natürlich unterschiedliche Medien; die einen sprechen mehr und leichter auf die Suggestion an, andere weniger. Nachdem sie nun einige Zeit in der Ekstase waren, brachen sie zusammen, und immer stiller wurde es im nun schon langsam heraufziehenden Morgen. In Paramaribo sind diese Trancetänze eigentlich verboten, denn man beschuldigte die Männer, die Frauen dabei auszunützen.

Auf Haiti tanzten Frauen auf dem Rand von riesigen mannshohen Mörsern, in denen Kräuter und Wurzeln im Takt gestampft wurden. Unglaublich das Tempo, der Rhythmus und das Gleichgewichtsgefühl — immer schneller drehten sie sich mit gespreizten Beinen, bis das magische Pulver fertig war und der Priester die Zeremonie beendete. Diese Wodu (Voodoo), magisch-religiöse Tänze der Neger-Geheimkulte, stammen ursprünglich von der Westküste Afrikas. Jetzt sind sie vermischt mit christlichen und indianischen Elementen. In der Ekstase geschah es manchmal, daß dabei ein Mensch geschlachtet und Teile von ihm verspeist wurden.

Ganz ähnliche Kulte werden heute noch im Bereich des Islams in Ägypten und im Sudan ausgeübt. Allerdings scheint hier die äußerst komplizierte Lehre der Araber von Geistern und Dämonen noch besonders wirksam zu sein. Genaue Aufzeichnungen der Zeremonie, Zar genannt, verdanken wir Rudolf Kriss, der mehrere dieser Zeremonien selbst mitgemacht hat, um sich bestimmte Geister — wie die ägyptischen Teilnehmer glaubten — austreiben zu lassen.

Wichtig im Leben der afrikanischen Neger sind Tätowierungen mit Motiven, deren Anordnung oft rituelle Bedeutung hat. Mit einem scharfen Spachtel ritzen sie sich gegenseitig die Haut, so daß tiefe Narben entstehen. Das Blut stillen sie mit Speichel und danach mit Erde. Ich habe Bantuneger gesehen, die sich ein Stückchen Haut von einem Tier in die eigene Haut hineinoperiert hatten; diese Stelle sahen sie als Amulett an, das sie vor Bösem schützen sollte. Fast immer sind es ornamentale Darstellungen wie Kreise, Linien, Sterne oder Spiralen. Figurale Darstellungen habe ich nie gesehen.

Im westafrikanischen Mali findet man Felsenbewohner, die mit Kaurischneckenmasken wilde Tänze aufführen. Ihr mächtigster Mann ist der Zauberer und Wahrsager, der geometrische Figuren in den Sand zeichnet. Am nächsten Tag liest er aus den Spuren eines Fuchses, der zu nächtlicher Stunde die Linien des Zauberkreises mit seinen Pfoten durchkreuzt hatte, die Zukunft.

Er besitzt in einem Ledersack verschiedene Steine, Fossilien, Krallen, getrocknete kleine Tiere, Kaurischnecken, Kräuter, Baumrinden und Blätter. Als die Amerikanerin Pamela Johnson Meyer ihn um Aufklärung bat, antwortete er, das sei sein Geheimnis, und wenn er es preisgebe, würde er brotlos. Er ist auch der Mann, der »Sklaven« kauft. Sind in einer Familie schon mehrere Kinder gestorben, und ist die Frau wieder schwanger, so geht sie zum Medizinmann und »verkauft« ihr kommendes Kind gegen eine Kaurischnecke als Sklaven. Wenn dann das Kind erwachsen ist, geht es mit der Mutter wieder zum Zauberer, zahlt ihm die Kaurischnecke zurück und ist wieder frei. Auf diese Weise stellt man sich vor, die Geister irrezuführen.

DIE GESTOHLENE SEELE DER ESKIMO

Wir wollen nun die Indianer Mittel- und Nordamerikas und weiter im Norden die Eskimo aufsuchen. Mexiko war in präkolumbischer Zeit von kulturell hochstehenden Völkern besiedelt, so von den Azteken und Mayas. Der größte Teil der indianischen Landbevölkerung bestand und besteht auch heute noch aus Bauern, deren Hauptnahrungsmittel der Mais ist. Überall konnte ich beobachten, daß bei Saat und Ernte vielerlei Riten durchgeführt werden, in denen sich altmexikanisches Kulturgut mit christlichen Bräuchen mischt. Der Mais, den sie in sechs verschiedenen Farben züchten, gilt ihnen als heilig. Das Maismehl wird ähnlich verwendet wie bei uns das Weihwasser oder der Reis bei manchen asiatischen Völkern. Es wird über heilige und weltliche Gegenstände gestreut und segnet ein neuerbautes Haus, einen Stall oder das Feld. Streut man es über den Weg, so ist es wie eine Barriere gegen Feinde und Böses. Dieser Ritus erinnerte mich an meine Flucht mit dem Dalai-Lama aus Tibet, wo die Priester auch Gerstenmehl oder, wenn keines mehr vorhanden war, weiße kleine Steine auf den Weg streuten, um die Geister und Dämonen vom Wege ihres Gottkönigs fernzuhalten.

Maisblätter, gefüllt mit Maiskörnern und Gebetsfedern, werden von Haus zu Haus getragen, man bläst auf ihnen ein paar Töne, von denen es heißt, daß sie bis zur Quelle dringen, wo die Geister wohnen. Ihnen will man damit seine Wünsche für die

Fruchtbarkeit der Familie und der Felder kundtun. Das Pflanzen des Maises und die gesamte Feldarbeit liegt bei den Indianern in den Händen der Frauen. Um die Früchte vor Ungeziefer zu schützen, ziehen sie nachts im gespenstischen Reigen nackt um ihre Felder und schleifen ihre langen Kleider hinter sich her. Dabei tragen sie magisch wirkende Kostbarkeiten wie Federn, Tierklauen, Krallen, Schwänze, Kräuter und verschrumpelte Hautstückchen mit sich herum. Ich habe auf meinen Reisen immer wieder mit Staunen erlebt, wie die Gegenstände, die für mich als Sammler reale Dinge waren, einen Zauber ausstrahlten, wenn der Medizinmann sie vor sich ausbreitete und sie seinen Leuten zeigte. Unter seinen beschwörenden Worten, durch die liebevolle Sorgfalt, mit der er die Dinge berührte, verwandelten sich im Laufe der Tage und Wochen, die ich bei den Eingeborenen zubrachte, auch für mich getrocknete Schweineschwänze, ein Stückchen Schlangenhaut oder ein Büschel Federn in magische Gegenstände, deren alter Schmutz und getrockneter Schweiß verklärt wurden von ihrer geheimnisvollen Ausstrahlung. Erst wenn ich dann wieder zu Hause war und die Amulette voll Freude meiner Frau schenken wollte, brachte mich ihr entsetztes Gesicht in die Wirklichkeit zurück und entkleidete die tatsächlich schmutzigen Talismane ihres Zaubers. Keine magische Bedeutung hatte übrigens bei einigen nordamerikanischen Indianern der Skalp. Er ist lediglich eine Kriegstrophäe, und ich habe nur ganz selten einmal gehört, daß man Streifen einer menschlichen Kopfhaut an Fetischen, also Federbündeln, Grasbündeln oder heiligen Pfeilen, zum Binden genommen hat.

Phantastisch sind die Zeremonien der Navajo, die in den kargen Landstrichen Arizonas und Neumexikos beheimatet sind. Immer suchen sie sich für ihre rituellen Feiern Plätze aus, von denen sie wissen, daß sich hier die Geister herumtreiben; sie bestreuen den Boden ornamental mit Maismehl, denn man muß die gefährlichen Mächte füttern. Anschließend hängen sie sich die Maiskolben an ihre Masken und ihren Körper, und was nun kommt, ist nicht allein Angelegenheit des Medizinmannes, sondern der ganze Stamm nimmt daran teil. Es ist ein Rausch, hervorgerufen durch den Genuß einer Kaktusdroge, dem dornlosen Pellotekaktus, der das Rauschgift Mescalin enthält. Bei dem Pellote-Kult ist die Auswirkung ähnlich wie beim Mutterkorn: farbige Visionen, Pulsverlangsamung, Verlust des Zeitsinnes, Übelkeit, Schwindel und Kopfschmerzen. Es folgen euphorische Zustände, die allmählich in eine passive Bewußtseinslage übergehen. Die Pflanze, frisch oder getrocknet in Teeform genossen, enthält acht Alkaloide, deren entscheidendes das Mescalin ist, welches man ja auch in der modernen Psychiatrie als Heilmittel anwendet. Schon halb von Sinnen, tanzte man sich mit diesem starken Narkotikum in Trance, um so teilzuhaben am Außerirdischen und gefeit zu werden gegen Krankheit, Tod und böse Verzauberung.

Die Eskimo, die den Küstenstreifen von der Nordostspitze Asiens bis zu den Küsten Grönlands bewohnen, sind ein Jagdvolk. Daher stehen auch ihre Zeremonien meist im Zusammenhang mit der Jagd. Nach jedem Fang und gleich nachdem die Beute zerlegt ist, werden fröhliche Feste gefeiert. Man ißt das zarte Fleisch, die nicht zu gebrauchenden Teile wie Knochen werden dem Meer zurückgegeben, die schönen Geweihe aber als *Giebelzeichen* an der Behausung oder an einem Baum befestigt.

Sie haben einen Medizinmann, der als Zauberdoktor und

Rechte Seite:
Die Anaconda-Bemalung auf den Rücken der Kalapalo-Indianer soll die Kräfte der Schlange übertragen.

Heilmann wirkt. Ihn ruft man, wenn jemand erkrankt ist und bezahlt ihn den eigenen Verhältnissen entsprechend. Krankheit ist niemals ein natürlicher Vorgang, sondern sie wird immer durch Hexerei verursacht und muß vom Medizinmann aus dem Körper wieder herausgetrieben werden. Ist der Zauber besonders mächtig, verwendet er als Hilfsmittel Rasseln, manchmal auch *Klapperschlangenrasseln*, singt sich in Trance und raucht dazu eine Pfeife. Während er sich in Trance befindet, gehen seine übernatürlichen Kräfte in den Besessenen über und vertreiben den in ihm wohnenden bösen Geist. Ein langes Training ist notwendig, um die Fähigkeiten eines Eskimoschamanen zu erlernen. Wochen der Konzentration in völliger Abgeschiedenheit sind die Voraussetzung, um große Leistungen zu vollbringen. Ich habe ein Eskimodorf besucht, in dem ein Zauberer lebte, von dem mir die Männer erzählten, er könne sich in die Luft erheben, ja sogar zum Mond fliegen. Hätten sie nicht genug Fische nach Hause gebracht, so würde er in der Nacht bei völliger Dunkelheit ins Meer tauchen und die notwendige Nahrung holen. Groß war die Verehrung, die sie ihm zollten, denn er sagte auch die Zukunft voraus, ob die Regenzeit bald komme, oder ihnen das Jagdglück blühe. Traten seine Voraussagen nicht ein, so schob er einfach die Verantwortung auf irgend jemanden, der sich dann auch gleich zerknirscht als schuldig bekannte.

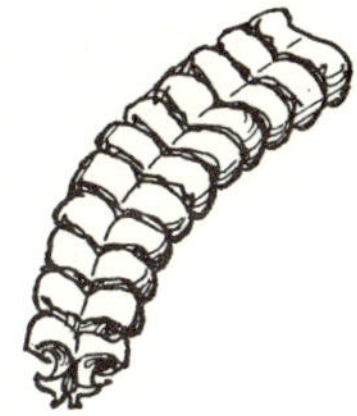

Linke Seite oben:
Das gefleckte Fell des Jaguars, auf Gesicht und Brust gemalt, verleiht den Kalapalo oder Kamayura die Gewandheit der Wildkatze.

Linke Seite unten:
Geheimnisvolle Ornamente und lebensgroße Figuren von Menschen und Tieren, mit denen die Innenwände der Hütten bemalt sind, wachen und schützen gegen böse Mächte bei den Xingu-Indianern.

Ihre berühmten und herrlich geschnitzten Totempfähle haben keinerlei religiöse Bedeutung und sind auch nicht alt. Sie sind nur ein Erinnerungsmal an große Taten oder denkwürdige Ereignisse. Aber Geister gibt es viele. Immer wieder nannten sie mir den Thunderbird, ihren guten Geist für den Hausbau. Er half ihnen beim Erstellen des Hauses den schweren Dachbalken befestigen, und sie dankten es ihm mit Opfergaben ihrer Jagdbeute. Häufig brachten sie ihn mit dem Gewitter in Verbindung, wenn er mit lautem, mächtigem Flügelschlag zur Erde herniederstieß, und auch sein Name Thunderbird oder Donnervogel weist auf jene Identifizierung mit Donner, Blitz und Unwetter hin. Bei ihren Zeremonientänzen trugen sie Masken, die mit dem Bild eines Fisches verziert waren, und erlangten dadurch magische Macht über die Tiere. Hansmann und Kriss-Rettenbeck berichten über ein Eskimomädchen vom Stamme der Netsilik im arktischen Kanada, das für seine zukünftigen Kinder eine Amulettkette trug, die aus folgenden Einzelteilen bestand: einem Schwanenschnabel — damit es ein Sohn wird, mehreren Möwenköpfen — damit er ein guter Fischer wird, Bärenzähnen — damit er feist wird, Schneehuhnfüßen — um aus ihm einen schnellen Läufer werden zu lassen, und Schnee-Eulen-Krallen — damit er kräftige Fäuste bekommt. Neben den guten gibt es auch die bösen Geister, und sie auf der Jagd zu treffen, hat oft verhängnisvolle Folgen. Mit wildem Schreien rasen sie hinter dem unglücklichen Jäger her und lassen ihr Opfer erst frei, wenn es schon halb wahnsinnig am Boden liegt. Nicht weniger gefürchtet ist das Riesenweib, ein schaurig aussehender Zwitter, der Bäume entwurzelt und sie auf den Verfolgten fallen läßt.

Diese Übeltäter fernzuhalten, gehört zu den Aufgaben des Schamanen. Aber auch mit den Toten hat er sich zu beschäftigen. Die Eskimo glauben nicht an Himmel und Hölle, sondern daß ihre Toten als Geister und Begleitseele in einem anderen Menschen weiterleben und unsichtbar für die Lebenden sind. Nur der Schamane hat Kontakt mit ihnen, und sie helfen ihm, böse Krankheiten zu heilen und Unglück zu vertreiben. Wie wir gesehen haben, besteht eine enge Beziehung zwischen dem Schamanismus und dem Thunderbird-Kult, und ähnliches finden wir auch bei den Indianern von Nordamerika und den Bewohnern Sibiriens. Es ist die Gestalt des Adlers, die der Schamane am liebsten in seinen Trancetänzen annimmt, und auch seine Abstammung leitet er oftmals von diesem König der Vögel her. In Sibirien gibt es einen Schamanenbaum, in dessen Zweigen ein Vogel, wahrscheinlich ein Adler, haust. Schamane, Vogel, Federkleid und die Herkunft des Schamanen, das alles weist auf die Fähigkeiten hin, mit Körper und Seele in Regionen zu fliegen, die den normalen Menschen verschlossen sind. Natürlich ist der Adler nicht das einzige Tier, in das sich der Schamane verwandeln kann, sondern oft nimmt er auch die Gestalt eines Renhirsches, eines Stieres oder Bären an. Im Jahre 1955, während meines Aufenthaltes bei den Eskimo von Kotzebuesund, habe ich wieder einmal empfunden, wie faszinierend es ist, das Leben fremder Kulturen mitzuerleben. So setzte ich mich auch hier mit den Eskimo zusammen und sah sie beim Jagen, Kochen, Nähen und beim Vollzug ihrer religiösen Riten. Ich schaute zu, wie eine Eskimomutter ihrem Kind mit einer Sehne die Milchzähne auszog, diese in Fleisch einwickelte und sie den Hunden zum Fressen hinwarf. Das mußte unbedingt geschehen, denn wie bei den Xingu-Indianern und anderen Völkern durfte man nichts vom eigenen Körper herumliegen lassen, weil sonst die Gefahr bestand, daß der Eigentümer von bösen Geistern behext würde. Bei den Eskimo glaubten sie, wenn man einen Zahn, ein paar Haare oder einen Fingernagel der Kälte aussetzte, würde sich der Besitzer sofort erkälten. Entsprechend erzeugt Hitze Fieber, und Hinwerfen hat einen schweren Absturz zur Folge. Manchmal geschah es auch, daß die Leute den Zahn verbrannten und die Asche in ein Tierloch im Boden steckten oder sie ins Meer warfen. Aber die Eskimo, die ich besucht habe, hielten den Magen ihrer Hunde für den sichersten Ort.

Eines Tages beobachtete ich eine Eskimofamilie, deren männliches Oberhaupt von der Jagd das Fell eines Bären mitbrachte. Von dem Augenblick an, als das Fell hinter ihrer Hütte hing, erschienen mir die Leute irgendwie verändert und ungewohnt. Die alte Mutter erklärte mir später, daß die Bärenseele das Fell erst nach einigen Tagen verlasse, und solange sie noch in ihm wohnt, dürfe man nichts tun, was die Seele störe. Es gäbe da ein paar menschliche Sitten und Gebräuche, die der Bär nicht ausstehen könne, und deshalb unterläßt man sie, bis nach vier bis fünf Tagen die Seele mit einem Zauberspruch vertrieben wird. Neben das Fell legt man einige Geräte, welche die Bären mögen, und auch die Seele dieser Sachen entschwindet dann nach vier bis fünf Tagen. Ihre Religion lehrt sie, daß alle Dinge unter dem Einfluß der Geister stehen und die Geister den Zaubersprüchen der Schamanen gehorchen. Deshalb sind auch die wichtigen Zaubermittel immer in den Händen der Schamanen. Einfache Schutz- und Abwehrmittel werden auch von den Eskimo selber angewandt. Der Schamane am Kotzebuesund hatte etwa sechs Geister, die seinen Befehlen gehorchten, und war ein Unglück geschehen oder ein Diebstahl passiert, schickte er sie der Reihe nach auf die Suche, etwa nach dem gestohlenen Gut oder dem Übeltäter. Diese Eskimo kannten zwei Möglichkeiten der Erkrankung. Entweder war die Seele des Menschen gestohlen worden, oder ein böser Schamane hatte einen krankmachenden Geist geschickt. Als Heilmittel gab es nur die Austreibung des Geistes. Ich habe sie nie von guten und bösen Geistern reden hören, denn die Geister sind weder gut noch böse, sondern sie gehorchen lediglich den guten oder bösen Aufträgen ihrer Herren. Wie vielfach im Volksglauben — auch des Abendlandes — erfolgte die Austreibung mit Gesang, Trommeln und allerlei Zauberei, die hier der Schamane ausübte, der oft Angehörige des Kranken zu Tabu verurteilt. Ich habe der Heilung eines Kindes beigewohnt, bei der der Schamane der Mutter verbot, während der Dauer der Krankheit die Strümpfe zu wechseln, und der Bruder des Kindes durfte kein Stück Fleisch aus der linken Flanke des Rentieres essen. Alles das erfährt man nur, wenn man mit ihnen zusammenwohnt und ihren Unterhaltungen lauscht. Dann erlebt man eines Tages die Geburt eines Kindes, hört, wie die Mutter gleich nach der Geburt eine Zauberformel spricht und die im Grab wartende Seele als Schutzgeist für die Seele des Kindes herbeiruft. Hier werden die Zauber- und Segenssprüche zweimal aufgesagt. Die Seele gehorcht der Bitte der Mutter und geht in das Kind ein. Jetzt sorgt sie für das Kind, für sein Denken, sein Wohlergehen, hilft beim Laufenlernen, bewahrt vor krummen Beinen, hilft beim Zahnen, denn dazu ist die dumme Seele des Kindes nicht imstande. Soll die Tochter eine gute Fellnäherin werden, so verzichtet die Mutter auf gute Fleischstücke. Soll hingegen der Sohn ein guter Jäger werden, verzehrt die werdende Mutter die Leckerbissen. Hatte einer Kopfweh oder brach sich das Bein, grübelte man nach, welches Tabu er wohl gebrochen habe. Aber auch hier wußte der weise Schamane Rat, denn er kannte alle Tabus ganz genau. Infolge seiner Macht über die Geister und Dämonen gehorchte man ihm immer, ob man ihn mochte oder nicht.

Auf meinen Reisen zu den Eskimo begegneten mir auch Schamanen, die in ein Nachbardorf, in ein fernes Land fliegen oder auf den Grund des Meeres tauchen konnten. Es gibt zwei Arten des Fluges, den leiblichen und den seelischen. Der Leib tut dies natürlich nur in der Dunkelheit, der Geist erhebt sich aber auch bei Tageslicht. Der leiblich schwebende Schamane hat dazu am liebsten eine mondlose Winternacht. Dieser körperliche Flug, etwa zum Mond, geht nun nicht allein und verschwiegen vonstatten, sondern alle Einwohner versammeln sich im größten Haus des Dorfes, in dessen Dach sich wie in allen anderen ein Loch befindet. Unter diesem sitzt der Schamane, fast nackt und von den Männern wie ein Paket zusammengeschnürt, so daß er sich nicht bewegen kann. Man gibt ihm eine Schnur mit einem langen Hammer, und nun bläst man das Licht aus, und trotz der Dunkelheit müssen alle im Kreise um den Zauberer sitzenden Leute ihre Augen fest zukneifen. Den Kindern halten die Eltern die Hand vor die Augen. Der Schamane beginnt nun mit Zaubersprüchen, singt von der Schwerelosigkeit seines Körpers, und das mit so eigenartig kehliger Stimme, daß sich keine Entfernung feststellen läßt. Er erzählt, wie er langsam in die Höhe steigt und läßt dazu den Hammer pfeifen und sausen. Würde es einer der Umsitzenden wagen, die Augen zu öffnen, so würde ihn der Hammer auf der Stelle töten. Je lauter das Sausen wird, desto fester kneifen sie vor Angst die Augen zu. Seine Stimme erklingt aus immer größerer Entfernung, das Sausen verebbt, und plötzlich ist der Schamane aus dem Hause hinausgeflogen. Etwa eine halbe Stunde bleibt die Versammlung ganz still und mit geschlossenen Augen sitzen. Da nähert sich die Stimme wieder und berichtet, daß er nun zurückkomme, sich hinsetze und sie nun die Augen öffnen dürfen. Und siehe, er sitzt wieder, wo er vor Beginn der Zauberhandlung gesessen hatte. Der Schamane läßt sich nun losbinden und erzählt den gespannt Lauschenden von seinen Abenteuern. Er war auf dem Mond und näherte sich dem Haus des Mannes im Mond. Dort wartete er ehrfürchtig, bis das Mondweib herauskam und ihn einlud. Bald darauf kam auch der Mann im Mond von der Rentierjagd zurück, mit Fleisch und schönen Markknochen beladen. Er lud ihn zum Essen ein, und beim Knabbern des Fleisches haben sie dann alles besprochen, das Wetter, die Jagd, ob die kleinen Buben schon Schneehühner fingen, und ob die Dorfbewohner die Bannregeln befolgten. Und wer denn kürzlich etwas angestellt habe, denn er habe Dünste aufsteigen sehen. Auf dem Mond vergeht die Zeit anders als auf Erden, und darum habe er in Wirklichkeit sehr lange dort oben geweilt. Beim Abschied habe er den Mondleuten versprochen, bald wiederzukommen. Nachdem der Schamane seinen Bericht beendet hatte, unterhielten sie sich alle noch eine Weile und gingen dann müde in ihre eigene Behausung.

Dieses Wunder des Schamanen ist leicht und gut erhärtet. Schwerer ist es schon beim Wandern auf dem Wasser, denn dafür gibt es keine Zeugen, und ich habe auch nie die Andeutung eines solchen Versuches gesehen.

Schamanismus bezeichnet nicht nur eine besondere Form des Verhaltens Geistern gegenüber oder den Glauben an sie, sondern Erscheinung und Struktur einer besonderen Kultur, die bis ins Letzte von der Anschauung bestimmt ist, daß alles nur das Wirken von Geistern sei und daß dieses Wirken durch einen besonders begabten Menschen beeinflußt und gerichtet werde. Der Schamane hat nun diese Kraft nicht auf Grund seiner menschlichen Begabungen, sondern auf Grund seiner Auserwähltheit, die ihn zur Teilhabe am Geschehen in der Geisterwelt befähigt, ohne daß er sein Mensch-Sein verliert. Die Auserwähltheit zeigt sich meistens darin, daß die Geisterwelt durch Krankheiten des Leibes oder der Seele von der Person Besitz ergriffen hat.

Der Schamane ist aber nicht nur Mittel und Mittler zwischen Menschen-, Geister- und Götterwelt, sondern auch Lehrer und Erzieher seiner Mitmenschen. Er ist schöpferisch tätig. Schamanismus in diesem Sinne ist typisch für Jäger- und Hirtenvölker, wie wir sie vor allem auf mongolischem Boden kennen, dann aber auch unter Indianern, besonders des Nordens; wir finden ihn in Indo-, Mikro- und Polynesien, aber auch in Afrika.

IM LAND DER SHINTOSCHREINE

Die religiösen Traditionen Japans, des Landes der Vulkane, der heiligen Berge und heiligen Bäume, der heiligen Haine und Flüsse, in denen die zahllosen Götter wohnen, sind bestimmt von der wechselseitigen Beeinflussung des Buddhismus und des Shintoismus. Im Buddhismus spielen Ethik und Meditation eine hervorragende Rolle, daher auch die japanische Bezeichnung Zen-Buddhismus, was Versenkung und Kontemplation bedeutet. Wichtig ist vor allem die mystische Vertiefung, durch die der Geist erleuchtet werden soll. Es ist das Sartori, eine, wie Siegbert Hummel sagt, »Wesenserkenntnis, der plötzliche Durchbruch zu einer unmittelbaren Schau. Ein die ganze Person überströmendes und ihre künftige Haltung umgestaltendes Erleben der beglückenden Einheit in allem, auch in den profansten Ereignissen und Dingen. Sartori kann sich sowohl während der Meditation als auch außerhalb einer planmäßigen Übung einstellen.« Die ursprünglichen religiösen Vorstellungen der Japaner bezeichnete man als Shintoismus. Er hat zwei wesentliche Seiten. Nach der einen ist er eine Nationalreligion, was sich in der Auffassung darstellt, daß der Kaiser Sonnenenkel und damit Gott sei. Andererseits ist der Shintoismus — wohl ursprünglich und wesentlich — Naturverehrung. Nicht nur die in der Natur wirkenden Mächte, auch einzelne Naturdinge sind Götter. Ja man kann sagen, daß es nichts gibt — ob

Naturding oder Kulturding –, das nicht ein Gott werden könnte oder zumindest Sitz eines Gottes. Es gibt einen Sonnengott oder eine Sonnengöttin, einen Nahrungsgott, den »Reismann«, einen Feuergott, einen Wassergott. Weit verbreitet ist der Gott des Zeugungsgliedes. Aber auch Kessel und Pfanne, Blasebalg und Hammer werden verehrt. Ich nannte schon die Vulkane, dazu kommen die Flüsse und Seen, Bäume, Sterne, Blumen und die weibliche Fassung des Reisgottes, die »Inari«: eine Verbindung des dämonischen Fuchses mit dem Gott der Reisfelder. Schon immer hat die zwielichtige Gestalt des Fuchses die Menschheit angeregt, mit seinem Wesen positive und negative Eigenschaften zu identifizieren. Vom Volksmärchen über Fabeln bis zur Vergötterung begegnet uns seine Gestalt als gefürchtetes und zugleich verehrtes Wesen.

Zahlreiche Märchen und Geschichten handeln von der Zauberkraft des Fuchses, der Menschen und Tiere mit seinen unergründlichen Fähigkeiten verändern kann und sogar in der Lage ist, sich in einen Menschen zu verwandeln. Es ist übrigens einer der ganz seltenen Fälle, in denen sich ein Tier in einen Menschen verwandelt und nicht, wie es sonst der Fall ist, der Medizinmann, Schamane oder Zauberer Tiergestalt annimmt.

Sauberkeit ist erstes Gebot im Shintoismus. Am Eingang zu jedem Schrein, wie man im Gegensatz zum Buddhismus die Tempel nennt, steht ein Brunnen mit einem langstieligen Holzlöffel, an dem jeder vor Betreten des Heiligtums sich Mund und Hände wäscht, dann mehrmals in die Hände klatscht, um die Gottheit auf sich aufmerksam zu machen. Sogar an den Eingängen der buddhistischen Tempel ist das typische Zeichen shintoistischer Religion, fließendes Wasser zur Reinigung, heutzutage vorhanden. In den shintoistischen Schreinen sieht man oft einen Metallspiegel als das Symbol höchster Reinheit und den Käfig eines Fuchses, der als gottähnliches Tier verehrt wird.

Buddhistentempel und Shintoschreine sind aber nicht nur Orte der Verehrung, sondern auch der Entspannung. Ich habe alte Leute mit ihren Enkelkindern beobachtet, die sich den ganzen Tag in Ruhe und Gelassenheit im Tempel aufhielten und nur ab und zu eine Tasse Tee tranken. Ihre Enkel glaubten sie hier in bester Obhut, denn Jizo Bosatsu ist der heilige Wächter der Kinder, und ein besonderer Tempel mit unzähligen kleinen Steinsymbolen in Gestalt von Kindern steht im Kiyomitsutempel. Viele dieser Steinfigürchen tragen Stoffschürzen um den Hals, die manchmal von den dort betenden Eltern mitgenommen und nahe dem Kissen eines kranken Kindes aufbewahrt werden. Wenn das Kind gesund wird, opfern sie aus Dankbarkeit für die Hilfe eine neue Schürze, die sie dem kleinen Steingott umhängen.

Reizend sind die »Mobile«, die ich in Häusern, Läden und auch Hotelhallen aufgehängt fand. Da tanzten aus buntem Papier ausgeschnittene Würfel, Kinderköpfe, Fische, Blumen und allerlei Gebrauchsgegenstände im leisen Luftzug. Nicht selten spricht man davon, daß sie mit ihrem beständigen Sich-Hin- und Herbewegen alle bösen Geister und Dämonen verscheuchen. Parallelen hierzu gibt es auch in Europa. Im Bayerischen Nationalmuseum in München sind Deckengehänge aus Stroh, Papier und Holzspänen zu sehen, die äußerst kunstvoll ausgeführt sind. Sie hingen in bayerischen Bauernstuben als Schmuck. Neugierigen wurde aber oft berichtet, daß ihr ständiges Bewegtsein Geister und Hexereien abwehre. Überall in Japan sieht man Stäbchen stecken, an denen zickzackförmige Streifen hängen. Offensichtlich sind sie Weihegaben an die Götter, vielfach werden sie aber auch als Sitz der Götter angesehen, wenn nicht gar mit diesen identifiziert.

Zahllose Tempel und Schreine Japans sind einem Kaiser oder einem Gott dargebracht. In ihnen vollzieht sich der öffentliche

Kult. Einen bestimmten Raum in ihnen darf kein Laie betreten, er birgt das »Allerheiligste«, eine materielle Vergegenwärtigung der Gottheit, sei es in einem Metallspiegel, in einer Waffe oder in einem Stein. Die Schreine sind meist sehr zerbrechlich. Sie müssen deshalb oft erneuert werden. Aus dem abgetragenen Holz werden kleine Stücke an die Gläubigen abgegeben, die sie als heilbringend und schützend ansehen und wie Amulette benützen. So war der Kitano-Schrein, den ich in Kyoto besuchte, einem kaiserlichen Minister namens Michizane Sugawara geweiht. Durch Intrigen am kaiserlichen Hof wurde Sugawara nach Kyuschu verbannt, wohin er auf dem Rücken eines Stieres ritt. Noch heute werden, vor allem unter den Bauern, steinernen Stiersymbolen übernatürliche Kräfte zugesprochen. Die kräftigsten Stiere der Gegend werden am Todestage Sugawaras in religiösen Umzügen mitgeführt.

Fast zweitausend Tempel und Schreine schmiegen sich still, bescheiden und heiter in die Landschaft der schönen Stadt Kyoto. Ich empfand, daß sie überall dort standen, wo sie sein müssen, gleichsam mit ihrer Umgebung verwachsen. Die Japaner haben es seit jeher verstanden, die Landschaft umzugestalten, und meine großen Erwartungen von Kyoto wurden nicht enttäuscht. Als ich 1939 von den Engländern in Indien interniert wurde, begann ich, neben Indisch auch Japanisch zu lernen, und aus dieser Zeit ist mir ein Spruch in Erinnerung: »Kyoto minai de, Kekko to Juna.« — »Wenn du Kyoto nicht gesehen hast, sage nicht, das sei schön.« Aber die Japaner lächelten nur und sagten, das heiße nicht Kyoto, sondern Nikko. Nikko sei das Schönste auf der Welt. Bevor ich mir nun mein eigenes Urteil in Nikko bildete, konnte ich in Kyoto in einem großen Shintoschrein an einer Kindtaufe teilnehmen. Die Feier wurde mit Gongschlägen begonnen, und nach ihrem Verhallen meditierte der Priester für eine kurze Zeit. Und schon kam, was ich erwartet hatte. Mit einem Wedel aus vielen weißen Papierstreifen fuhr er über dem Täufling hin und her, um die bösen Geister und Dämonen vom Lebensweg des Kindes zu vertreiben. Mit segnenden Gebärden beendete er das Ritual, und die Mutter, glücklich, daß alles Böse von ihrem Kind abgewehrt war, überreichte dem Priester voll Dankbarkeit ein Geschenk. Die Priester in Japan leben im allgemeinen von den Spenden der Gläubigen. Sei es, daß ein Bauer den ersten Sack seiner Reisernte zum Tempel trägt, sei es, daß sie die Geschenke einfach an der Tempelmauer entlang aufstapeln. Ich sah nicht nur Reis, sondern auch Whisky oder Sojasauce. Jeder bringt, was er eben produziert. Die Priester tauschen diese Güter dann gegen das ein, was sie für ihr tägliches Leben brauchen. Für diese Opfer halten die Mönche dann Andachten an den Altären und erbitten den Segen für die Spender. Um auch ein wenig Bargeld zu bekommen, haben sie in den Anlagen um die Tempel Verkaufsstände eingerichtet, wo sie selbst hergestellte Amulette, Pfeile, Gebetsfähnchen, Kerzen anbieten. Ich habe von allem etwas gekauft, nicht nur um meine Sammlung zu vervollständigen, sondern auch um ihnen einen Gefallen zu tun, denn sie waren während meiner Filmarbeit sehr hilfsbereit gewesen. Ich kaufte als Amulett eine Bauchbinde mit aufgemalten Kindern für werdende Mütter, die das ungeborene Kind vor Krankheit und Unheil behüten soll. Es gab Pfeile, die zur direkten Abwehr gegen Böses dienten, und die man in die Luft schoß, um Geister und Dämonen zu vertreiben. Glücksbringer mit allen zwölf Tierkreiszeichen sollten ihrem Träger als Talisman dienen, und um Kinder zu bekommen, gab es einen kleinen vergoldeten Hammer. Ein weiteres Amulett stellte einen holzgeschnitzten Geier dar, dessen Krallen und Federkleid ganz deutlich erkennbar waren; er soll, wie der Geier aus der Luft in die Tiefe stürzt, seinen Besitzer in große Reichtümer eintauchen lassen. Auch ihr Haus wußten sie mit einem Abwehrzeichen zu schützen. Ein Papierfächer, mit Flammen und Sprichwörtern bemalt, soll dazu dienen, Feuersbrünste fernzuhalten. In ihr Geldtäschchen stecken sie ein »Sasano« mit dem verständlichen Wunsch, daß es sich immer neu fülle und nie leer werde. Am reizvollsten fand ich zwei runde *Holzstäbchen,* die Mann und Frau darstellten. Sie waren mit Gesichtern und vielen japanischen Schriftzeichen bemalt. Ursprünglich stammen sie aus Koma, einer Stadt, die vor 1200 Jahren gegründet wurde, und schützten als weibliche und männliche Gottheit den Eingang eines Dorfes vor Unheil. Das waren nur winzige Modelle, aber in Menschengröße kann man diese Pfähle als Dorfwächter auch heute noch in Korea sehen.

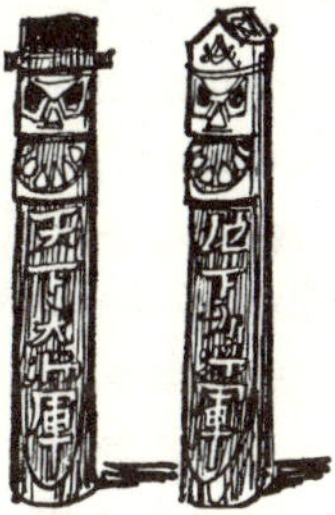

Aus dem bäuerlichen Japan kommen die sogenannten *»Kokeschi«,* runde kleine Pfähle mit einer Kugel als Kopf. Kopf und Körper sind bemalt und vom Künstler signiert. Heute sind sie Kinderspielzeuge und Souvenirs, und jeder Japaner, den ich nach der Bedeutung fragte, sagte mir, es seien Puppen, wie sie auch heute noch in Tibet und Nepal als Spielzeug für die Kinder gemacht werden. Das Kokeschi ist in Japan ein beliebter Touristenartikel, und wie in Rußland die »Puppe in der Puppe«, gibt es in den großen Warenhäusern Japans »Kokeschi im Kokeschi«. Aber mich befriedigte diese Deutung des Symbols nicht, und so suchte ich in allen Altwarenläden nach einem alten Kokeschi, bis ich zwei echte fand. Sie waren einfach bemalt und bestätigten mir, was ich zu wissen glaubte, daß es sich bei den Kokeschi ursprünglich um Phallussymbole handelte, die in den Häusern als Fruchtbarkeitsbringer aufgestellt wurden.

Unzählige geheime Wünsche und Liebesbriefe bringen die Japaner an den Gittern ihrer Tempel an. Auch hierbei verdienen sich die Priester ein paar Münzen, denn sie verkaufen für einige Yen Papierstreifen, auf denen die Zukunft vorausgesagt wird. Wenn man sie an einen Ast bindet, sollen die Prophezeiungen in Erfüllung gehen. Deshalb trifft man immer wieder in den Tempelanlagen auf Bäume voller Papierwünsche. Seit einiger Zeit gibt es sogar Wunschzettelautomaten, um den Verkauf zu beschleunigen.

Jeder Schritt durch die Straßen Kyotos und seine Tempelparks zeigt neue Schönheit. Oft begegnete ich Dingen, deren Sinn ich nicht verstand. Aber immer wieder wurde ich berührt von der innigen Verbundenheit mit der Natur. Dann und wann lagen Katzen in den Anlagen umher, und manchen fehlte zu meiner Verwunderung der Schwanz. Mir wurde erzählt, es gebe eine sehr alte Überlieferung, nach der langschwänzige Katzen auf zwei Beinen tanzen und zu gefährlichen Monstren werden.

Die Tempel sind bis auf die Dachziegel ganz aus Holz gebaut, geschnitzt und in bunten Farben bemalt. Mich interessierten vor allem die *Giebelzeichen*, die kaiserliche Rosette, Symbol der Chrysantheme, und die riesigen tönernen Fratzen, die am Eingang gewissermaßen als Wächter gegen alles Böse den Gläubigen Schutz verleihen. So wachen zwei Riesen am Eingang der gewaltigen Halle des To-dai-ji in Nara, die den größten Buddha Japans beherbergt. Einer der Riesen hat den Mund geschlossen, der andere geöffnet; ihr Gesichtsausdruck flößt Schrekken ein und dient damit der Abwehr.

Im Innern der Tempel bemerkte ich immer wieder die Vermischung von Buddhismus und Shintoismus. Da lag der Spiegel als Zeichen des anwesenden Gottes auf dem Shintoschrein, und vor der Buddhafigur betete der buddhistische Pilger. Es gibt heute noch viele Japaner, die als Shintoisten geboren wurden und der Religion lange dienten, aber die meisten sterben als Buddhisten. Bei einer Religionsbefragung meldeten sich 80 Millionen Buddhisten und 80 Millionen Shintoisten, das macht gleich um 60 Millionen mehr Menschen als Japan Einwohner hat. Sie hatten sich nämlich zweimal gemeldet, als Buddhisten und als Shintoisten.

Bevor ich Kyoto verließ, besuchte ich noch einen der berühmtesten japanischen Töpfer in der Hoffnung, von ihm eine kaiserliche Rosette zu bekommen, da er der einzige ist, der die Erlaubnis hat, sie in Ton herzustellen. Die Verhandlungen waren sehr schwierig, und seine Preise für Giebelmasken und Rosetten so hoch, daß ich ihn fragte, ob ich nicht eine von den unzähligen beschädigten Arbeiten haben könne, die bei ihm im Hof auf dem Boden herumlagen. Entschieden lehnte er meinen Wunsch ab, und erst später erfuhr ich von einem japanischen Freund, daß er nie etwas hergibt, das nicht vollkommen ist. Schon resignierend kaufte ich eine prachtvolle, in grauem Ton gehaltene Fratze, und völlig überraschend schenkte er mir eine kaiserliche Rosette dazu.

Nikko, die gepriesene Stadt im Norden des Landes, war mein nächstes Ziel.

Auf dem Wege von Kyoto dorthin machte ich einen kurzen Abstecher nach Kamakura, um den 700 Jahre alten Daibutsu, eine 13 m hohe Buddhastatue aus Bronze, zu besichtigen. Sie ist nicht ganz so groß wie jene in Nara, aber ihr Reiz liegt darin, daß sie nicht in einem Tempel, sondern inmitten der Stille tiefgrüner Nadelbäume steht. Da er nur eine Tagestour entfernt von Tokyo liegt, eilen täglich Tausende von Japanern von Sehenswürdigkeit zu Sehenswürdigkeit, und im Frühling und Herbst wird die Stille der Gärten und blumenreichen Anlagen von Touristen und Andenkenhungrigen überflutet.

Nikko empfing mich mit Regen, so daß ich auch meinen Plan, den Fujiyama zu besteigen, aufgeben mußte. Einmal nur sah ich das Schneedreieck dieses die Landschaft beherrschenden Vulkans rotviolett in der Morgensonne schimmern, die übrige Zeit war alles in Regen und Nebelwolken gehüllt und erinnerte an die Tuschzeichnungen alter japanischer Meister.

Es ist eine alte Sitte und ein Wunsch der Japaner, den heiligen Fujiyama dreiunddreißigmal in ihrem Leben zu besteigen, dabei errichten sie genauso wie die Aymaraindianer und die Tibeter – Steinhaufen.

Die Anlage des Toshogu-Schreins in Nikko zählt zu den bedeutendsten Kulturdenkmälern Japans. Über zwanzig Gebäude verteilen sich unter den mächtigen alten Bäumen und sind ein wahrer Pilgerort für Menschen aus Japan und der ganzen Welt. Damit sich die vielen Besuchergruppen untereinander nicht verlaufen, erhält jede Gruppe Regenschirme in einer anderen Farbe, ein lustiger und regenbogenbunter Anblick. Auch hier sieht man überall die kleinen Gebetsfähnchen, die man für 10 Yen aus den Automaten ziehen kann. Da an dieser Stätte alles heilig ist, genügt es, das Fähnchen irgendwo zu befestigen, an einem Baumast, einer Tür oder an einem der vielen Brunnen.

Eine Darstellung am heiligen Stall der Götterpferde ist wohl jedem bekannt, denn kaum ein Symbol ist weiter verbreitet als das der »drei weisen Affen von Nikko«. Sie sind aus Holz geschnitzt, etwa einen halben Meter groß und hatten die Aufgabe,

Rechte Seite oben:
Die Anaconda am Hüttenbalken gilt als Schutz bei den Xingu-Indianern.

Rechte Seite unten:
Die Saramaccaner in Surinam sind die Nachfahren geflüchteter Negersklaven. Ein Vorhang aus Palmblättern schützt ihre Dörfer vor Geistern und Dämonen und markiert den Zugang zu ihren Siedlungen.

die heiligen Pferde vor Krankheit und bösen Dämonen zu schützen. Ihre berühmten Gebärden bedeuten: Sehe nichts Böses, sage nichts Böses, höre nichts Böses. Diese drei Affen sind nur ein Teil eines langen Frieses, auf dem noch weitere acht Lebensweisheiten dargestellt sind.

Es war ein wunderbarer Aufenthalt in diesem Land der Tempel und Vulkane, der höflichen Menschen und der stillen Brunnen, und mir wurde wieder einmal bestätigt, daß das Abendland manches vom Fernen Osten lernen kann.

Linke Seite:
Ein »Godihusi«, ein »Gotteshaus« der Buschneger in Surinam mit der Figur einer Gottheit.

IM SCHUTZ DER FLIEGENDEN DRACHEN

Als ich vom Flughafen von Taipeh in mein Hotel fuhr, hatte ich den Eindruck, in ein großes Volksfest hineingeraten zu sein. Tatsächlich aber war es eine Totenfeier, die ich als solche an der weißen Kleidung der Leute erkannte. Da sich auf Formosa Chinesen aus allen Teilen des riesigen Mutterlandes angesiedelt hatten, sind auch die Sitten und Gebräuche von großer Vielfalt. Die Vorbereitungen für ein Begräbnis beginnen oft schon zu Lebzeiten. Speisen und andere Opfergaben werden für die Tiere der Unterwelt bereitgestellt, um sie später der Seele des Toten gütig zu stimmen. Es gibt zwei Arten des Sterberituals. Einmal hält man die Leiche möglichst lange im Hause, damit die Seele nicht entfliehen kann, das anderemal bettet man den Sterbenden auf ein Totenbett, das in die Nähe der Eingangstür gestellt wird, damit die Seele das Haus leicht verlassen kann. In beiden Fällen werden dem Toten die Unterschenkel zusammengebunden, damit er nicht wieder zurückkehren muß. In den Mund legt man ihm Teeblätter und kleine Amulette zum Schutz gegen böse Dämonen und gefährliche Mächte. Damit der Mensch auch nach seinem Tode nichts entbehren muß, stellen die Hinterbliebenen alle wichtigen Hausgeräte aus Papier her und verbrennen sie. So steigen diese Attrappen gemeinsam mit der Seele des Toten in Form von Rauch zum Himmel. Ein chinesisches Begräbnis ist eine kostspielige Angelegenheit, die sehr wichtig und ernstgenommen wird und an der man niemals spart. Es ist gar nicht selten, daß die Zeremonie ein ganzes Familienvermögen verschlingt und die Hinterbliebenen verarmt zurückbleiben.

Die moderne Hauptstadt Taipeh interessierte mich weniger als die alten Tore in der Stadtmauer mit ihren schönen Dachreitern. Geradezu unübersehbar war die Fülle der Giebelzeichen auf dem Lungschan-Tempel. Seine Mauern stehen seit über zwei Jahrhunderten fest und unerschütterlich. Seine Ziegel wurden mit Mörtel aus Reiswasser aneinandergefügt, daher ihre Härte und Unverwüstlichkeit. Auch die rote Farbe der Lacksäulen leuchtet noch frisch, und die verwitterten Stellen, die wie vernarbte Wunden ausschauen, machen ihn nur noch ehrwürdiger. Ein golden leuchtendes Majolikadach wird von herrlich geschnitzten Dachsparren getragen. Welche Farbenfülle leuchtet da hervor! Jeder Zentimeter ist fein säuberlich mit Figuren, Blumen, Vögeln, Pflanzen und Sagentieren ausgefüllt und hat seine symbolische Bedeutung. Es schillert in allen Farben der Natur und der menschlichen Phantasie. Der Tempel ist der Göttin der Gnade und Barmherzigkeit Kuan yin gewidmet. Im Tempelinneren werden noch viele andere Götter verehrt, wie die vier »Großen Himmelsfürsten«, Schutzgottheiten und der historische Buddha, chinesisch Fo genannt.

Ich fertigte schnell meinen Rikschakuli ab und ging in den Tempelhof, um die zerbrechlichen Dachreiter aus der Nähe zu sehen. Wolken, in Form von Spiralen und Wellenlinien dargestellt, bedeuten Glück; sind sie fünffarbig, bedeuten sie gar fünffaches Glück. Rot ist eine magisch bedeutsame Farbe, die böse Geister und Dämonen fernhält; darum dominiert sie an allen Dachfiguren. Auch die vielen Landschaftsdarstellungen aus Porzellan und Majolika am Dachfirst haben fördernde und segenbringende Bedeutung, und die Zentralfigur verheißt darüber hinaus noch langes Leben. Der erste Eindruck ist wunderbar und läßt sich kaum schildern: viele großzügige Flächen, die mit viereckigen Steinplatten bedeckt sind, eine sinnvolle und harmonische Anordnung, viele bunte Porzellanreliefs an Wänden und Türen, dicke Säulen, die das schwere Dach stützen und von oben bis unten mit Lackarbeiten in allen Farben bedeckt sind. Jede Kleinigkeit ist unvergleichlich schön, und das Ganze ruht so wohlgeordnet und fest, als ob es unvergänglich sei. Von morgens bis Mitternacht ist der Tempel voll von buddhistischen Gläubigen, die der Göttin der Gnade ihre Opfer bringen.

Dominierend an allen Giebeln sind die großen, durch Wolkenfetzen fliegenden Drachen. Der Drache macht immer einen grimmigen Eindruck. Mit aller Energie und mit mächtigen Krümmungen peitscht sich das Tier durch die Luft, mit den großen kralligen Tatzen nach allen Seiten machtvoll um sich greifend. Aus seinem schnaubenden Kopf züngeln Bärte nach vorn, wo eine große weiße Kugel, ein »heiliger Ball«, schwebt, der das Symbol der Reinheit und Heiligkeit darstellt. Der Drache als Verkörperung der Macht jagt dieser Kugel nach, um sie vor allem Bösen zu beschützen. Überall findet man den chinesischen Drachen als Symbol der Schutzmacht. So wie hier auf den Tempelgiebeln, aber auch auf Geistermauern, Dachgesimsen und am Eingang zu heiligen Stätten. Er ist in China nicht, wie bei uns in Sage und Märchen, ein böses Ungeheuer, das den Menschen Schaden zufügt, vielmehr nutzt man in China sein dämonisches Aussehen und seine furchterregende Gestalt, um sich durch die Stärke vor den bösen Dämonen und Geistern der Natur zu schützen.

Eine ähnliche abwehrende Funktion hatte er auch bei den Wikingern, die ihn als Trutz- und Schutzzeichen an ihren Drachenschiffen anbrachten. Diese Kraft hat das Drachenbild im chinesischen Volksglauben vor allem aber wegen seiner Bedeutung in Mythos und Götterlehre. In alten chinesischen Texten wird der

Drache vielfach mit Blitz und Donner und den Wassern des Himmels in Verbindung gebracht und damit auch mit der Fruchtbarkeit alles Irdischen. So heißt es: »Das Tier des Donners hat den Körper eines Drachen und den Kopf eines Menschen.« Dieser breit gefächerte Symbolwert läßt den Drachen bei den Chinesen zur beliebtesten Bildgestalt werden: vor den Tempeln und als Dachreiter, auf Privathäusern, auf Türen und Wänden, an Kultstätten und den kaiserlichen Palästen.

Bei meinem Besuch des Königs von Ubud erzählte ich schon von der Geistermauer, die quer vor dem Eingangshof stand, um das Haus vor bösen Geistern zu schützen und ihnen den Zutritt zu verwehren. Auch auf ihnen sah ich als zusätzlichen Schutz den Drachen mit schnaubendem Kopf. Seine Symbolkraft ist so bedeutend, daß er vom Kaiser als Wappentier ausgewählt wurde und in Rot, später in Gold glänzte. Dieser enge Zusammenhang zwischen den Mächten, die durch das Drachenbild symbolisiert werden, und dem Kaiser präsentierte im alten China die kosmischen Rhythmen und garantierte die Fruchtbarkeit der Erde.

Die drei Dachreiter, die ich auf Formosa erstehen konnte, sind alt und in ihrer Glasur in den Farben Rot, Grün, Gelb, Blau und Weiß von großer Schönheit. Allerdings haben die Drachen nur drei Krallen, und das besagt, daß sie nicht aus kaiserlichem Besitz stammen, denn diese haben stets fünf Krallen. So saßen sie wohl einmal auf dem Dach eines hohen chinesischen Würdenträgers.

Sie stammen noch vom chinesischen Festland, denn als die Nationalchinesen vor rund zwanzig Jahren nach Formosa flohen, brachten sie große Werte an Kunstschätzen auf die Insel mit. Leider lagert das meiste heute in bombensicheren Kellern, und nur weniges kann man in den Museen bewundern. In einem dieser Museen entdeckte ich neben dem Drachen noch Darstellungen des Phönix, des Einhorns und der Schildkröte, die zusammen mit ihrem Oberhaupt, dem Drachen, »die vier geistig begnadeten Wesen« verkörpern. Kein Wunder, daß der Drache der Mächtigste unter ihnen ist, vereinigt er doch in seiner Gestalt die gefährlichsten Tiere auf unserer Welt: mit seinem Raubtierkopf, dem Schlangenkörper, seinen Hörnern und Stacheln und seinen Krallen ist er das Bild der Unangreifbarkeit, der souveränen Macht.

Abwehrzeichen und Glücksbringer zarterer und lieblicherer Natur sind Blüten und Früchte. So wehrt der Bambus, dem Bescheidenheit und Demut als Eigenschaften zugeschrieben werden, böse Geister ab. Der Lotos, als Verkörperung der Reinheit und als Blume Buddhas, ist ein Glücksbringer für die Familie und Ehe. Er scheint auf der Wasseroberfläche ohne Berührung mit der Erde zu schweben, und wie schlammig das Wasser auch sein mag, der Lotos behält immer die ihm eigene Reinheit. Ein Vertreiber böser Dämonen ist wiederum die Pfirsichblüte, obwohl sie zart und die Verkörperung des Frühlings ist. Nicht zu den Pflanzen und Blumen gehört das lustige Entenpaar als Glücksspender, das als Symbol ehelicher Treue und Friedfertigkeit überall zu finden ist. Das geht wohl auf die Beobachtung zurück, daß man Enten immer nur paarweise antrifft; wird eine abgeschossen, geht die andere bald ein. Ähnlich ist es bei den Taubenpaaren, die Eintracht und Glück der Ehe sichern sollen.

Auch das Pferd wird in ganz Asien als göttlich verehrt. Aber darauf komme ich erst später bei den Windpferden im Himalaja zu sprechen.

Als letztes Tier sei noch der *Hahn* erwähnt, der den Chinesen im krähenden Zustand Ruhm und geistige Bedeutung verspricht. In Europa hat er seit alters her vielfache Bedeutung. Alt und ehrwürdig sind die Giebelzeichen auf Stein- und Ziegelbauten. Am frühesten lernen wir den Hahn als religiöses Symbol im

Parsismus, der von Zarathustra gestifteten Religion im alten Iran, kennen. Hier war er als Tagkünder ein heiliges Tier. Von hier ist im Volksglauben kein weiter Schritt zu der Meinung, sein Krähen vertreibe die Dunkelheit und die ihr verbündeten bösen Geister. Diese seine Fähigkeit wird dann schon durch sein Bild vergegenwärtigt. Durch sein Krähen wird er aber auch Orakeltier und als solches ebenfalls Dämonenabwehrer.

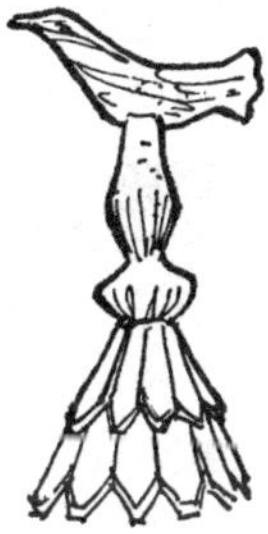

Im jüngeren Brauchtum Süddeutschlands und Österreichs wird der Hahn als Giebelzeichen vielfach mit dem Wortbild »roter Hahn«, das soviel wie Feuersbrunst bedeutet, in Zusammenhang gebracht. Sein Bild drückt den Wunsch aus, von Feuer verschont zu werden. In diesem Sinne ist das Bild des Hahnes auf einem *Kamin* und auf einer mit Holzschindeln abgedeckten *Dachspitze* im Waldviertel in Österreich zu deuten. Als Glücksbringer und Geisterschreck mag er über der Tür neben dem Hufeisen eines *finnischen Holzhauses* dienen.

Eine wesentlich andere Bedeutung hat das Bild des Hahnes auf der Kirchturmspitze. Im Anschluß an die iranische Tradition ist der Hahn auch im frühen Christentum das Sinnbild des Tagkünders und Mahners und des Vertreibers der dunklen Schatten. Im Mittelalter sieht die Deutung aber schon anders aus. Der Turmhahn ist Sinnbild des Predigers. Dieser muß wachen, die Schläfer wecken und den anbrechenden Tag verkünden, auf daß die Schläfer nicht dem Bösen anheimfallen. So wird der Hahn zu einem der vieldeutigsten unter den Turm- und Giebelzeichen.

Viele dieser Dachzierden sind ornamental, dann gibt es auch andere Tiere wie die Fische als Symbol Christi und des Christentums. Der Hecht, so erzählt eine alte Geschichte, war als einziges Tier so neugierig, der Kreuzigung Christi zuzuschauen. Darum ist er für alle Zeiten mit drei Linien auf seinem Kopf gezeichnet, die Kreuz und Schwert bedeuten sollen. Auch Schweine gab es in früheren Zeiten als Giebelzeichen, angeblich mit der Begründung, daß Jupiter von einer Sau genährt worden sei. Für die Menschen in Europa ist das Schwein vor allem an Silvester Glücksbringer. Das Bild des Schweines in Gold und Silber wird aber auch als Amulett getragen. Dann gibt es noch Tauben, Störche, Fahnen, Schiffe, Pfeile und Engel. Letztere sollen den Erzengel Gabriel als Himmelsboten verkörpern. Die ersten bekannten Wetterfahnen dieser Art gab es bei den Griechen, die mit ihrer Hilfe die Naturerscheinungen wie Wind und Regen studierten. Bei den Griechen und später den Römern wurde der Wind personifiziert, und deshalb betrachtete man die Wetterfahnen, wenn sie sich im Wind drehten, als Orakel, die etwa gute oder schlechte Ernten prophezeiten. Im ersten Jahrhundert vor Christi hatte der Erbauer des »Turmes der Winde« zu Athen auf die Spitze des achteckigen Turmbaues eine Marmorsäule und darauf die Figur des Meeresgottes aus Eisen gesetzt, die so beweglich war, daß sie sich immer gegen den Wind einstellte und mit einem Stab die Windrichtung anzeigte.

Von Taipeh fuhr ich in das Innere der Insel, denn man hatte mir erzählt, daß ich dort noch Ureinwohner Formosas treffen könne. Am Eingang zur Taroko-Schlucht, durch die mein Weg führte, war ein Posten stationiert, der meinen Reisepaß anschaute und mir freundlich mit Hilfe einer Karte die für diese Straße notwendigen Verhaltensregeln erklärte, denn sie ist streckenweise so eng, daß man sie nur einspurig befahren kann. Mit seinem wenigen Englisch sprach er mich immer mit »Mister

Halla« an, denn die Chinesen können kein R sprechen. R ist für sie L. Harrer ist nun wirklich zuviel des Guten und heißt darum »Halla«.

Die Schlucht, die ich nun entlangfuhr, gehört zu den größten Sehenswürdigkeiten von Formosa. Bis zu dreihundert Meter Höhe steigen die Felswände aus dem Flußtal auf, und an vielen Stellen kommen heiße Quellen aus der Erde. An besonders malerischen Stellen, oft weit entfernt von einer Siedlung, stehen bezaubernde kleine Pagoden, auf neun dicken Säulen ruhen ihre Dächer und bunt glasierte keramische Dachreiter schützen die Giebel.

Immer wieder wurde ich gefangen von der Einheitlichkeit dieser Bauwerke, bis in die kleinste Ecke, ja bis zum letzten Baustein der Mauern und bis zu den harmonisch abgestimmten Farben der bunt glasierten Dachziegel. Selbst der Schimmer, der von diesen farbenfreudigen goldenen, blauen, grünen und braunen Dächern ausgeht, ist berechnet und gewollt. An einer der Pagoden glänzt ein Fisch als Dachreiter im hellen Sonnenlicht. Den Chinesen gilt er als Glücksbringer und Symbol der Fruchtbarkeit wegen der riesigen Anzahl der Eier, die er legt. Kaum ein anderes Tier hat eine so vielfache Symbolgeschichte wie der Fisch. Es gibt Fischgötter und Fischdämonen.

Der Fisch war schon im alten Babylon lebengebendes Zeichen, im frühen Christentum war er das Symbol Christi. Alle nordischen Völker, bei denen die Wassertiere für die Ernährung eine wichtige Rolle spielen, haben ihre Fischdämonen, die auf dem Meeresboden oder dem Grund der Flüsse leben und den Fischern die Beute zutreiben. Der dänische Dichter Hans Christian Andersen schrieb eines seiner nettesten Märchen über »Die kleine Seejungfer«, die halb Fisch, halb Mensch sich in einen schönen Prinzen verliebt. In China handelt ein bekanntes Märchen von der »Fischfee«, einem Karpfen, der sich in ein Mädchen verwandeln konnte. Auch unter den acht Glückszeichen der Tibeter sieht man eines mit den zwei Fischen, die aus dem Lotos herauswachsen. So ist er als Orakeltier, Abwehrzeichen und glücksbringendes Amulett fast über die ganze Welt verbreitet.

Es gibt auf Formosa unendlich viel zu sehen, fast an jeden Tempel knüpft sich die Erinnerung an Chinas große glanzvolle Geschichte. Ich fuhr zu den Fischern im Norden der Insel, die hier im flachen Seewasser ihre winzigen Fische fangen, die sie zu köstlichen Suppen verarbeiten. Da trotz strahlenden Sonnenscheins ein Taifun im Anzug war, hatten sie ihre Boote an Land gezogen, und ich suchte mir gleich ein paar der schönsten aus, um sie zu filmen. Was mich anzog, waren die riesigen runden Augen am Bug der Schiffe, welche die Fischer draußen auf dem Meer vor den bösen Wassergeistern schützen sollen. Entsetzt wehrten sie mich ab und verboten mir, ihre Boote zu filmen, denn sie fürchteten, daß durch meine Kameras die Abwehrkraft der Augen verlorengehen könne. Ein Photo gelang mir; es ist gegenüber Seite 33 wiedergegeben.

Die vor bösen Mächten schützenden und abwehrenden Augen finden wir aber auch auf Fischerbooten an den Küsten Siziliens, Griechenlands und Portugals. Die Boote, die ich hier auf Formosa sah, waren wie in den Mittelmeerländern über der Wasserlinie unerhört bunt und abstrakt ornamentiert. Links und rechts der Bugspitze befand sich je ein Auge, auf manchen Booten nur angemalt, auf anderen wiederum als massive Halbkugeln plastisch ausgebildet, so daß das Boot von vorn wie ein aggressives Gesicht aussah. Manche Augen bestanden sogar aus einer Anzahl von »Katzenaugen«, wie sie als Rücklichter auf Fahrrädern und Autos angebracht sind.

Auch auf den Stupas der Tibeter ist das wachsame Augenpaar angebracht, ähnlich den heiligen Augen auf griechischen Vasen. Stupas als Symbole der Macht wollen dem Unglücklichen und

Verlorenen helfen. Das Auge ist immer wach und weit geöffnet, so daß es stets hilfreich sein kann. Daher halten viele tibetische Götter ein Auge in der geöffneten Hand, ja es gibt Darstellungen mit tausend Armen und tausend Augen, wobei tausend nicht die Zahl bedeutet, sondern »sehr viel« heißt.

In Europa findet man das Auge in einem Dreieck auf Votivbildern, Totenbrettern und Marterln als Auge Gottes. In südlichen Ländern trägt man Augenamulette, um den bösen Blick abzuwehren. Augen aus Ton oder Glas schützen gegen den bösen Blick und bewahren vor Augenkrankheiten.

Ich besuchte nun den Süden der Insel, wo die Paiwan leben, die als begabte Schnitzer bekannt sind. Sie zählen zu den Ureinwohnern von Formosa und gehören demselben alten Kulturkreis an wie die Bewohner der Inseln Indonesiens, Javas, Balis und Celebes', des Kulturkreises, der sich über die Philippinen bis hierher nach Formosa fortsetzt. Die Arbeiten der Paiwan, *Holzbretter*, die als *Friese* über die ganze Wand einer Holzhütte reichen, zeigen als immer

wiederkehrende Motive Gesichter, welche die Ahnen verkörpern, und Darstellungen von Schlangen. Diese Friese sind nicht als Verzierungen des Hauses gedacht, sondern gelten als reine Ab-

wehrzeichen, die Unheil und böse Geister von ihrem Heim fern halten sollen. Die Schlange spielt in der Mythologie aller Völker eine große Rolle, wie wir ja schon bei der göttlichen Naga in Kambodscha und Indonesien und der Anaconda bei den Indianern Südamerikas gesehen haben.

Meine Arbeit auf Formosa war beendet, einige prachtvolle Dachreiter befanden sich in meinem Reisegepäck, und der alte

Liu, der mich eine Zeitlang auf der Insel begleitet hatte, besorgte mir noch ein paar interessante Amulette. Es waren alte chinesische Münzen, einige darunter handtellergroß, die man sich als Talisman um den Hals hängt oder im Hause aufbewahrt, damit man nie in Geldschwierigkeiten gerät. Auch einige von den anfangs des Buches erwähnten Figürchen, die man unter die Zunge legt, damit die Rede klug und gewandt dahinfließe, beschaffte er mir mit seinem schelmischen Blick für einen sicherlich zu hohen Preis.

DIE WACHSAMEN BULUS AUF DEN PHILIPPINEN

Die Bevölkerung der philippinischen Inselgruppe setzt sich zum größten Teil aus Filipinos zusammen, die indonesischer Abstammung, also Malaien sind. In den Bergen leben zurückgezogen die Negritos, »Negerlein«, eine kleinwüchsige Menschenrasse mit dunkler Haut und krausem Haar. Unter den eingewanderten Bewohnern sind die Chinesen am zahlreichsten vertreten. Die Spanier, die 1565 mit der Eroberung und Christianisierung begannen, haben sich meistens mit den Filipinos vermischt. Im Mittelalter lagen die Philippinen im Einflußbereich der Inder und zum Teil auch der Chinesen. Auf einigen Inseln findet man seit Ende des 15. Jahrhunderts Einflüsse des Islam, und seit den spanischen Eroberungszügen ist die Bevölkerung römisch-katholisch. Da die Bewohner der Insel außergewöhnlich begabte Schnitzer sind, gibt es heute kaum noch ein Land, wo man ähnlich schöne alte katholische Heiligenfiguren kaufen kann. Die Heiligen sind ihre vertrauten Helfer in allen Nöten des Daseins. Aber als Helfer in irdischen Anliegen weiß man auch Amulette zu schätzen. Vielfach hat man ihnen ihre Amulette, die sogenannten »Anting-anting«, zu denen immer ein »Anito«, das heißt ein besonderer Geist oder Dämon, gehört, gelassen und ihnen aufgetragen, zu jedem Amulett ein Gebet oder einen Spruch aus der Bibel zu lernen und aufzusagen. So riß man sie nicht jäh vom alten Aberglauben weg, sondern führte sie mit seiner Hilfe geschickt zum neuen Glauben. Daraus entstand eine Miniaturenzyklopädie des Aberglaubens, ein winziges Büchlein, nicht größer als drei mal vier Zentimeter, in dem Gebete mit »Anting-anting« korrespondieren, von denen eines ohne das andere wirkungslos sein soll. Dazu sah ich in bunte Stoffsäckchen verpackte und immer mit einem Bibelspruch versehene Amulette, die vieles versprachen: daß man auf unwegsamen Dschungelpfaden nicht von wilden Tieren angegriffen wird, daß Haus und Hof vor Dieben verschont bleiben, daß keine Hexe einen verzaubern kann und daß man nicht von einer Kugel getroffen wird. In Europa heißen Schutzmittel dieser Art »Breve«, auf Süddeutsch »Breverl«. Ob auf Mallorca, in Italien, Bayern oder Tirol, ich fand sie überall. Sie waren in Papier- oder Stoffsäckchen oder in wunderbar gearbeitete Hülsen aus Silber oder bestickter Seide verpackt und enthielten hier wie dort Zeichen und Bilder christlichen Glaubens, arabisch-abendländischen Geisterglaubens und magisch wirksame Naturdinge wie Steinsamen, Bärlapp und andere Zauberpflanzen. Kugelsicherheit versprachen übrigens auch diese bunt zusammengewürfelten Apotheken. Es genügte aber auch eine kleine Nachbildung des berühmten Reliquienkreuzes von Wiblingen, gefüllt mit der Erde des Heiligen Landes. Diese beiden haben, so versicherte der Benediktiner aus dem Kloster Wiblingen in Bayern, seine guten Folgen: »Erstens sein sie gut für Amulette, dann an neuausgebaute Häuser, in die Hochzeits- oder Brautbetten, sein gut zu legen und einzugraben, sein gut neben einem Immaculatazetter (Andachtsbild von der Jungfrau Maria), Schießständen, wo die Kugel das Ziel nicht erreichen sollen, dadurch die zauberische und andere Practica solviert werden.«

Typische Schnitzarbeiten der Ureinwohner sind die *Bulus*. Es sind hölzerne Götter, die paarweise Mann und Frau symbolisierend auf den Feldern aufgestellt werden, um diese vor Unheil zu schützen. Gleichzeitig sind sie Fruchtbarkeitssymbole. Immer sind sie nackt und meist hockend dargestellt. Figuren dieser Art als Schutz- und Trutzzeichen sind mitunter an und in Häusern angebracht. Im letzteren Falle werden sie aber auch als Ahnenfiguren gedeutet. Als Feldwächterfiguren sind sie des weiteren auf Nias, Borneo, auf den Nicobaren, auf Celebes und Timor und in einigen Gebieten von Bali in Gebrauch. Es gibt einige Anhaltspunkte dafür, daß diese trutzenden Feld- und Flurwächterfiguren auch im Abendland nicht unbekannt waren. Diese dürften ihre Heimat in den Mittelmeerländern haben, wo sie – wie in Ägypten und Marokko – bis in unsere Tage Geister und Dämonen, aber auch den Fluch, den ein neidischer Blick oder Gedanke heraufbeschwören könnte, in massiver Form abwehren. Antike Schriftsteller wie Ovid und Horaz haben sie beschrieben.

Von den mehr als siebentausend Inseln und Inselchen der Philippinen haben nur etwa dreitausend einen Namen. Auf der Inselgruppe Sulu traf ich Schnitzer, die berühmt für ihre herrlich geschnitzten Grabmäler und Giebelzeichen sind. Glaubt man zunächst vor einem abstrakten Kunstwerk zu stehen, so erkennt man doch bald *Vögel,* Drachen und Schlangen, oft auch Kombinationen der Nagaschlange und mythischer Vogelformen, welche die Verbindungen verschiedener Glaubensrichtungen darstellen. Ob hinter all diesen dekorativen Schnitzereien ein kultischer

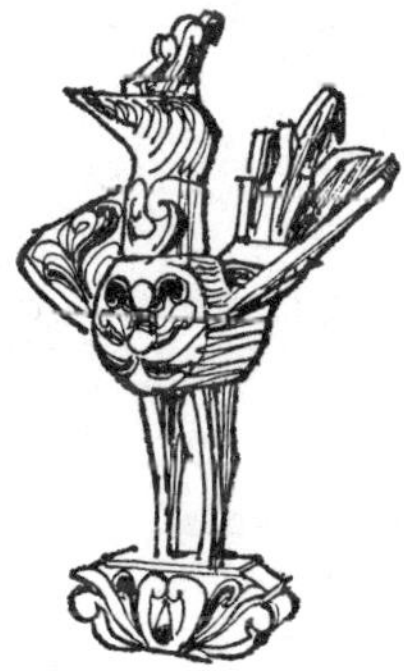

Sinn verborgen ist, läßt sich nicht mit Bestimmtheit sagen, aber kleine weiße Papierfähnchen, die an den Schnitzereien befestigt sind und böse Geister und Dämonen abwehren sollen, lassen darauf schließen, daß die Giebelzeichen nicht nur Verzierung sind, sondern auch eine abwehrende, schützende und bergende Funktion haben. In der Natur hatten die Bewohner der Sulu-Inseln ihre »Geisterplätze«, also Stellen wie beispielsweise eine Quelle, von der sie annahmen, daß dort Geister hausen. Hier wurde ihnen geopfert, man brachte Papierfähnchen an und stellte mit Wasser gefüllte Kokosnußschalen auf, um die Geister wohlwollend zu stimmen. Solche Schalen standen auch bei den Grabmälern, die neben den Schriftzeichen des Korans gelegentlich sogar einen Spiegel eingearbeitet hatten, um den Teufel zu vertreiben. Um den Hals oder sonst am Körper tragen sie Amulette aus Stoff oder Leder, in die Koransprüche eingenäht sind.

Die Filipinos haben zahllose kleine Boote, die sie zum Fischfang und als Transportmittel benutzen. Die meisten sind ganz einfach gearbeitet, aber einige haben wunderschöne Schnitzereien an Heck und Bug. Auch hier scheinen es mehr Verzierungen zu sein, die kaum eine Verbindung zu Glücksbringern haben. Nur bei den Auslegerbooten haben die Schnitzereien glückverheißenden Sinn. Sie sollen dem Bootsmann helfen, reiche Fischgründe zu finden. Ein berühmter Bootsmacher erzählte mir, daß ein Boot erst dann fertig sei, wenn die Schnitzereien in den Farben Gelb, Rot, Grün, Weiß und Blau angemalt sind.

Außer einem Paar Bulus erstand ich Wasserbüffelhörner, die ungewöhnlich groß und geschweift sind und deren Spitzen nach innen gebogen sind. Sie findet man als Giebelzeichen oder über Eingängen befestigt zur Abwehr gegen Unheil, ähnlich den Rinderhörnern und Ochsenschädeln an unseren Bauernhäusern.

Rechte Seite:
Über der Stromschnelle, wo stets die Geister wohnen, hat der Obeamann der Buschneger einen toten Aasgeier zum Trocknen aufgehängt, der dann pulverisiert und zu einer magischen Medizin verarbeitet wird.

Auch die Schlangenkette, die mir ein alter Filipino als Geschenk um den Hals legte, kannte ich schon aus meiner Heimat. Im Salzburgischen genauso wie auf den Philippinen trägt man die Wirbelsäule der Schlange zum Schutz gegen Krankheiten und zu deren Heilung. Aus dem bayerisch-österreichischen Alpengebiet stammen jene Schlangenwirbelketten, die am Ende die Form eines *Schlüssels* bilden. Diese Amulette sollten besonders Kindern bei Krämpfen helfen.

Mit Krankheiten hatte auch der heilige Rochus zu tun, eine alte Holzplastik, die ich bei dem gleichen Antiquitätenhändler kaufte, bei dem ich auch meine Bulus erwarb. Die Legende erzählt, daß er sein ganzes Vermögen den Armen schenkte, Pestkranke pflegte und durch das Kreuzzeichen heilte. Unzählige Legenden handeln von seinen Taten. Er gilt als Schutzpatron besonders bei Pest und geschwürigen Erkrankungen, da er selbst an einem Geschwür am Oberschenkel litt, das immer besonders deutlich als das ihm eigene Attribut dargestellt wird. Der heilige Rochus gesellte sich nun zu meinem heiligen Johannes Nepomuk, einer franziskanischen Malerei des 18. Jahrhunderts, die ich in Cusco unter schwierigen Umständen erwerben konnte. Auch dieser Johannes Nepomuk, Patron der Schiffer und Flößer, Schutzherr der Stege und Brücken und Helfer in Wassergefahren, hatte bei den Indianern wie Rochus bei den Einwohnern der Philippinen eine Stelle als außermenschlicher Helfer angenommen.

Linke Seite:
Tanzmaske aus dem südlichen Kongo.

DURGA, DIE MUTTER ALLER DINGE

Dreimal bin ich seit meiner Flucht aus Tibet in Nepal gewesen und reiste nun zum viertenmal in jenen kleinen Staat im Himalaja, der eine lange gemeinsame Grenze mit Tibet hat. Einer der Hauptanziehungspunkte von Nepal war für mich das Wiedersehen mit alten Freunden aus Tibet und das Vergnügen, mich mit ihnen in ihrer Heimatsprache unterhalten zu können. Diesmal wollte ich vor allem das filmen und fotografieren, was ich schon vor zwanzig Jahren in ihrem Lande studiert hatte. Ihre Reliquien, ihre Götterstatuen, ihre Opfergaben, all das, was mit Religion, Schamanismus, Dämonen und Geistern in Verbindung steht.

Ich erinnere mich genau des Tages meiner Ankunft in Kathmandu – es war Montag, der 23. September 1968 –, denn er bescherte mir etwas, das ich mir schon lange gewünscht hatte: eine Sonnenfinsternis, ähnlich wie ich sie vor zwanzig Jahren in Tibet erlebt hatte. Zu Tausenden strömten die Menschen zum Fluß, um das eindrucksvolle Schauspiel mitzuerleben, wenn die Sonne langsam von dem zwischen Erde und Sonne stehenden Mond bedeckt wird. Sie kennen keine astrophysikalischen Zusammenhänge und glauben, ein böser Geist bewege sich auf die Sonne zu, um sie zu verschlingen. Um den Dämon zu vertreiben, der am hellichten Tag solche Finsternis verursachte, schrien und tanzten sie mit wilden Gesten, die Arme gegen den Himmel gerichtet. Die Reichen beschenkten die Armen mit Geld und Nahrungsmitteln und opferten den heiligen Rindern, die im seichten Flußwasser standen, indem sie ihnen Getreide auf den Kopf streuten. Alle gingen dann ins Wasser, nahmen rituelle Waschungen vor und warfen Blumen und kleine Lichter in den Fluß, die dann von der Strömung fortgetragen wurden. Als nach einiger Zeit die Sonne wieder zum Vorschein kam, verlief sich die Menge in dem glücklichen Gefühl, daß die Götter mit ihrer Hilfe über das Böse und die Finsternis gesiegt hatten.

Kapilavastu im Grenzgebiet von Nepal ist die Heimat Gauthama Buddhas, der, aus fürstlichem Geschlecht stammend, um das Jahr 556 vor Christus an der indisch-nepalesischen Grenze geboren wurde. Von dort hat sich der Buddhismus nicht gleich nach Norden über den Himalaja bis Tibet ausgebreitet, sondern erst im 7. Jahrhundert gelangte er fast durch die Hintertür über China dorthin. Er dehnte sich dann über ganz Tibet aus und vermischte sich mit der alten Bön-Religion. Heute nennt man die Mischung »tibetischen Buddhismus« oder in Europa »Lamaismus«. Da im Himalaja die Verschmelzung zuletzt geschah, findet man bei den Völkern jener Gebiete noch am ehesten Reste der alten Bön-Religion und entdeckt mehr an alten Riten und Kultgegenständen als irgendwo sonst. Hinzu kommt noch die Gestalt der Landschaft mit ihren einsamen Eisgipfeln und gefährlich tiefen Schluchten, die die Phantasie der Menschen anregten, hier Thron und Sitz ihrer guten Götter und Höhlen der bösen Dämonen zu sehen. Neben Buddhisten und Böngläubigen begegnet man im Himalaja aber auch Hinduisten, die ihre Kultstätten in die Abgeschiedenheit der Berge gelegt haben. Sieht man die Vielfalt der Religionen friedlich nebeneinanderleben, so wundert man sich nicht darüber, daß es in Kathmandu, der Hauptstadt Nepals, ebenso viele Tempel wie Häuser gibt. Für die Touristen ist der berühmte Liebestempel mit seinen bunt bemalten Holzschnitzereien eine der größten Attraktionen. Sie stellen Götter und Tiermenschen dar, und am unteren Ende der Stützbalken ruhen Liebende in inniger Umarmung. Auf Befragen erklärt einem jeder Einwohner von Kathmandu, daß Blitz und Donner derartige Bilder nicht mögen und der Tempel daher vor diesen Naturgewalten geschützt sei. Ich glaube, daß diese Vereinigungen zwischen Menschen und Göttern, Menschen und Tieren einen tiefen religiösen Sinn haben und daß man ihren Ursprung im tantrischen Glauben Indiens findet. Der Tantrismus ist ein wesentliches Element des heutigen Volksglaubens im ganzen indischen Subkontinent. Benannt ist er nach den Tantras, das sind heilige Bücher der Shaktas (einer Hindusekte), die die Gespräche zwischen Gott und seiner Shakti, seinem weiblichen Gegenpol, aufzeichnen, die hier sehr persönlich als weibliche Person und Geliebte aufgefaßt wird. Der Inhalt der Bücher ist zum Teil eine verwirrende Mischung aus mystisch-magischen Vorschriften, zauberischen Praktiken, Zauberformeln und Segenssprüchen, vielfach mit sexuellen Elementen verbunden.

Viele der uralten Zeremonien haben in Nepal die Zeiten überdauert. Manche der vielbewunderten Götterstatuen dieses Landes tragen das Blut jahrzehntelanger Opfer in dicken verkrusteten Schichten auf ihren Gesichtern, so daß man deren Züge darunter kaum noch erkennen kann. Auch zu Füßen der Löwendarstellungen, die als Wächter mit magischer Abwehrmacht von Giebeln, Hauseingängen und Tempelecken schauen, sieht man das geopferte Blut. Oft strich man aber einfach nur den Sockel mit roter Farbe an.

Zu den volkstümlichsten und beliebtesten Festen in Nepal gehört das Dasera, ein Fest, das am Ende des Monsuns beginnt und zehn Tage dauert. Man feiert auf Straßen und Plätzen den Sieg des Guten über das Böse und des Lichts über die Dunkelheit.

Geweiht ist das Fest der Göttin Durga, der Großen Göttin, Mutter aller Dinge, die in immer neuen Wiedergeburten als Überwinderin des Bösen gefeiert wird, es ist ein lautes, lärmendes, fröhliches Fest, wo jeder einzelne Tag eine bestimmte Bedeutung hat. Man läßt Papierdrachen steigen, Geschützdonner dröhnt durch das weite Tal von Kathmandu, und Arme und Reiche singen und tanzen auf den Straßen. Überraschend ist dann das Verhalten des Volkes am neunten Tag, wenn der Göttin Durga Blutopfer gebracht werden. Man glaubt, nicht mehr dieselben Menschen zu erleben, wenn sie in fast besinnungslosem Blutrausch Hunderte und Tausende von Opfertieren schlachten, vom Hahn bis zum Bullen, je nachdem wie wohlhabend sie sind. Mit dem Kukri schlagen sie den Tieren mit gezieltem Schlag die Köpfe ab und opfern das Blut ihrer Göttin. Das Fleisch dürfen sie selber essen, und so schließen sich an die Blutopfer riesige Festgelage an, bei denen sogar Alkohol erlaubt ist, der die Stimmung noch erhöht. Mitten unter den essenden und trinkenden Erwachsenen bewegten sich die Kinder, die man ja nicht allein zu Hause lassen konnte, und deren Unbefangenheit angesichts der blutigen Riten mich immer wieder verblüffte. Es schien ihnen nicht das geringste auszumachen, im Gegenteil, ich sah kleine Buben, die voll Vergnügen mit ihren dicken Händchen in dem Blut zu Füßen der Göttin herumplanschten wie unsere Kinder in einer Regenpfütze. Auch die Hunde wurden von dem Geruch des Blutes angezogen und leckten mit Genuß an den besudelten Steinen.

Die Einladung eines führenden Mannes aus dem Ministerium für Wohnungsbau ließ mich manches Interessante erfahren. Der gebildete Nepali arbeitete gerade an einem Buch über die komplizierten Bauvorschriften im Tal von Kathmandu und erlaubte mir, in seinen Schriften zu lesen. Wenn eine Familie den Entschluß gefaßt hat, wo sie bauen will, geht der Bauherr zu einem

Priester, der gleichzeitig auch Astrologe ist, und bringt ihm in einem Säckchen etwas von der Erde, auf der das Haus stehen soll. Der Priester macht ein Horoskop und errechnet genau, wann und wo gebaut werden soll. Mit dem Bauherrn besucht er dann den Platz und stellt an der Stelle des zukünftigen Hauses fünf kleine Opferschalen auf neun Feldern auf, die er auf den Grund zeichnet. Diese Schalen enthalten in kleinen symbolischen Mengen alles, was dem Spender lieb und wert ist. Wasser, Honig, Butter, ein Stückchen Stoff, Gold und Silber, Blumen, Kerzen und Schmuck. Ist der Bauherr ein reicher Mann, sind auch die Gaben kostbar, und außerdem läßt er vom Priester stundenlange Gebetsübungen machen und Litaneien singen. Jetzt kommt das eigentliche Bauopfer, verwandt unserer feierlichen Grundsteinlegung. Bei einem vermögenden Mann wird eine Ziege geschlachtet und in das Fundament mit eingegraben. Bei den armen Leuten müssen sich die Geister mit einem Hahn als Wächtertier oder einer Katze als Dämonenopfer begnügen. Strenge Buddhisten, die ja kein Fleisch essen dürfen, da sie an eine Wiedergeburt glauben und deshalb kein Lebewesen töten, graben ein Ei unter die Schwelle als Bauopfer. Endlich kann die Arbeit beginnen, aber fünfundzwanzig verschiedene Holzarten von fünfundzwanzig verschiedenen Bäumen sind dazu nötig, von denen jeder seinen eigenen Gott hat, der durch ein Opfer wohlwollend gestimmt werden muß. Hat man den fünfundzwanzig Göttern geopfert, dann weiß der Baumeister genau, welches Holz wo und wie angewendet werden muß. Eine Zeremonie, hinter der ein genaues technisches Wissen steckt, wozu man jede einzelne Holzsorte am besten verarbeitet. Zum Schluß wird noch einmal der Priester gerufen, der dann mit segnenden Händen durch das fertige Haus geht, die fünfundzwanzig Hölzer bespricht und ihnen sagt: Jetzt haben wir Dir unsere Opfer gebracht, nun liegt es an Dir, daß Du dies Haus vor Schaden bewahrst und alles Unheil von ihm fernhältst. Zusätzlich zu diesen Zeremonien sah ich auf der Türschwelle und über den Türbalken sonderbar geformte *Nägel mit drei Spitzen* eingeschlagen, die mich ein wenig an unsere Hufeisen erinnerten und wie diese auch als Glücksbringer gedacht waren. Sie haben aber noch den Sinn, die Verstorbenen vom Haus fernzuhalten, denn man will nicht, daß die Toten zurückkehren. Man bringt ihnen deshalb diese Nägel, einige Blumen, Reiskörner, etwas Safran und kleine gedruckte Gebete als Opfergaben dar. Sollte aber trotz all dieser Schutzmaßnahmen der Tote doch noch in dem Hause spuken, dann lehnt man einfach einen Schilfrohrbesen von innen gegen die Tür und ist nun sicher vor Toten und Geistern.

Das Menschenopfer dient zeremoniellen Gründen, einerseits zur Befriedung der Götter und Dämonen, zum andern wird durch den Geopferten die Verbindung hergestellt zwischen den Lebenden und den Toten. Das Bauopfer ist ein magisches Opfer und soll dem Haus Schutz vor Unheil geben und die Geister freundlich stimmen. Menschen opfert man nur mehr selten zu diesem Zweck, aber Tieropfer sind auch heute noch üblich.

Bei einer Karakorum-Expedition 1959 im Gebiet des Hunzatales waren zum Beispiel einige Dosen mit Leberkäse schlecht geworden. Der für die gesamte Verpflegung zuständige Leiter überlegte, wohin mit den Büchsen, da sich die Expedition noch in Gilgit, inmitten des bebauten Gebietes befand. Einheimischen, die die Büchsen haben wollten, schlug er diese Bitte zunächst ab mit dem Hinweis, daß das Fleisch verdorben sei. Er glaubte dann, sie hätten es vielleicht nur auf die Blechbüchsen abgesehen. Sie erklärten ihm aber, sie wollten die Büchsen, die ja anteilig auch Schweinefleisch enthielten, unter denen Schwellen ihrer Häuser vergraben, um die bösen Geister am Eintritt zu hindern, die das unreine Schweinefleisch scheuen würden.

Zu den nettesten Amuletten meiner Sammlung gehören Halsketten, die ich bei nepalesischen Bergstämmen fand. Sie hatten oft bis zu dreißig glücksbringende Anhänger, die in naiver Form die Wünsche für ihr Leben ausdrückten. Einmal erbaten sie Schutz vor Krankheiten, wilden Tieren, Räubern und bösen Geistern, zum andern erhofften sie Glück für die Träger und die Familie. Alles, was sonderbar und für sie nicht unmittelbar einsichtig war, wie versteinerte Urtierchen, Fossilien, Blitzröhren und Meteorsteine, hing in Silber gefaßt neben alten Münzen, Zähnen, Tierkrallen, Edelsteinen und kleinen Bildchen. Als besonders glücksverheißend galten die Bezoare oder Organsteine, eine festgefügte Magenabsonderung in Ziegen, Lamas, Antilopen, Gemsen und anderen Tieren. Diese Steine galten als Gegengift oder Giftanzeiger und wurden deshalb als Amulette getragen. An den europäischen Fürstenhöfen gab es wertvolle Sammlungen von Bezoaren. Man faßte sie in Gold- und Silberfiligran, schmückte sie mit Smaragden und Rubinen und schmiedete kunstvolle Schlösser und Kettchen, um die Fassungen öffnen und schließen zu können. Als Talisman und Amulett wurden sie an den Kaiser- und Königshöfen wie kostbares Geschmeide aufbewahrt. Aber auch in ländlichen Gegenden Europas trug man sie bäuerlich in Schmiedeeisen gefaßt als glücksbringende Anhänger.

Diese Bezoare waren meist sehr voluminöse Steine von großen Tieren, aber es gab auch kleinere, wie z. B. von Gemsen. Magische Kraft schrieben die Nepali den »Adler- und Rabensteinen« zu, die sie gegen den »bösen Blick« und als Glücksstein trugen. Da man sie nur sehr selten findet, sind sie von großem zauberischen Wert, und deshalb faßte man auch diese Steine meist in Gold und Silber.

Fast zum Verwechseln ähnlich sind Ketten in Nepal, jenen

Amuletten, die man bis ins vorige Jahrhundert in Süddeutschland trug und die man als »Fraisketten« bezeichnet. Sie stellen eine Anhäufung von Talismanen dar, wie ich sie in allen Erdteilen feststellen konnte. So sah ich an den Stäben tibetischer Pilger riesige Bündel von Dingen aus der belebten und unbelebten Natur, die teils als Medizin dienen konnten, aber meist in sich eine besondere Kraft trugen, die den Besitzer schützen und seine körperlichen Funktionen erhalten sollten. Diese Kraft äußerte sich schon allein durch das Tragen dieser schweren Anhänger. Heute sieht man in Europa noch an den Handgelenken von Frauen und Mädchen die sogenannten Bettelarmbänder aus Silber oder Gold mit unzähligen Amuletten. Bei jedem Juwelier kann man sie kaufen, diese kleinen silbernen oder goldenen Münzen, Fische, Schweine, Herzchen, Kleeblätter, Hufeisen, »Sieben«, Schlüssel, Hände, »Dreizehner«, Kreuze und Kugeln. Besonderen Wert haben die Amulettzusammenstellungen, wenn man jedes Stück einzeln geschenkt erhalten hatte. Von ihnen erhofft sich die Trägerin die gleiche glückbringende Wirkung wie die Nepali von ihrer Amulettkette.

Der Abschied von Kathmandu mit seinen Tempeln und mir so vertrauten Menschen fiel mir nicht leicht. Aber mich lockten neue Ziele, und so wandte ich mich nach Norden, dem Himalajakamm zu, wo ich im Marsyandi-Tal eine der Höhlen besuchen wollte, in denen Milarepa, der berühmteste Dichter und Zauberer der Tibeter, gelebt hatte. Je näher ich den Eisgipfeln kam, desto mehr hingen die Bewohner der kleinen Dörfer den alten Sitten und Gebräuchen an, und die Lehren der Bön-Religion wurden immer noch gepflegt. Geht man zu Fuß wie ich die einsamen Bergpfade auf die tibetische Grenze zu, so trifft man überall auf Aberglauben, verkörpert durch die Wahrsager, die für ein paar Münzen die Zukunft deuten und den günstigsten Tag für irgendwelche wichtigen Entscheidungen voraussagen.

Diese Wahrsager sind natürlich nicht mit den Schamanen zu verwechseln, die hochgestellte Personen sind und meist eine Art Priesteramt einnehmen.

Die Höhle des Milarepa im Marsyandi-Tal nordöstlich von Kathmandu ist heute, Jahrhunderte später, ein heiliger Ort und ein bedeutender Pilgerplatz geworden. Über der kahlen Höhle, in der einst Milarepa sein asketisches Leben führte, allein von Brennesseln lebte und seine Gedichte schrieb, erhebt sich inzwischen ein prächtiger Tempel. Unter der in den Berg hineinführenden Höhle bildete sich ein kleines Dorf, in dem vor allem Mönche und Pilger leben, die an diesem Wallfahrtsort ihr Gelübde einlösen. Es gehört zur religiösen Übung eines jeden tibetischen Mönches, drei Jahre, drei Monate oder drei Tage in völliger Enthaltsamkeit in einer Grotte zu wohnen.

Die Höhle als Behausung und Ort kultischen Geschehens ist uns schon aus vorgeschichtlichen Zeiten bekannt. Man betrachtete die Höhle als Mutterschoß allen Lebens, aber auch als Wohnsitz der Dämonen. Furchtlos begaben sich die Eremiten in die dort herrschende Finsternis und stellten sich den Dämonen, um sie kraft ihrer freiwilligen Askese zu überwinden.

GEBETSFAHNEN ÜBER DEM HIMALAJA

Der Himalaja ist das einzige Gebiet der Erde, wo man auch heute noch in einzelnen Höhlen Eremiten antrifft, die dort drei Tage, drei Monate oder — jetzt ganz selten — auch drei Jahre ihre Gebetsübungen machen. Auf meinem Weg zur tibetischen Grenze gelangte ich zu einer Höhle, der eine kleine Hütte vorgebaut war, an deren kleinem Vordach sich die Körper eines mit Stroh ausgestopften *wilden Hundes*, eines Bären, einer Schlange und eines Jaks befanden, um die bösen Einflüsse von außen abzuwehren. Wie Schwalbennester waren weitere Häuschen an die Felswand geklebt, vor denen bunte Gebetsfahnen im Winde flatterten. Wie lebendig begraben hauste dort ein Mönch in einer Höhle

schon seit über zwanzig Jahren. Es gab keinen Zugang zu ihm, und die einzige Verbindung mit der Außenwelt bestand in einem viereckigen Loch, das nicht größer als zwanzig Zentimeter im Quadrat war. Gerade groß genug, um die Hand zum Empfang des täglichen Essens hinausstrecken zu können. Befreundete Mönche brachten ihm in einem Schälchen ein wenig Tsampa-Gerstenmehl, und durch ein besonders gebautes Röhrchen gossen sie Wasser oder auch einmal etwas Tee zu ihm hinein. Hatte der Eremit seine Nahrung bekommen, verschloß er die Öffnung von innen durch ein kleines Türchen und war nun wieder ganz der Finsternis überlassen. So floß sein Leben dahin. Er unterschied nicht zwischen Tag und Nacht, noch kannte er die Zeit, die ohne jahreszeitliche Unterschiede an ihm vorbeischritt. Seine einzige Verbindung zur Welt war das kleine Viereck in der Wand, durch das die Schale mit dem Essen gereicht wurde. Sein Gelübde befahl ihm, kein Licht zu sich hereinzulassen noch hinauszuschauen. Durch dieses Eingeschlossensein konnte er auch niemals einen Menschen sehen noch zu ihm sprechen. Ich konnte es kaum glauben, aber als ich noch staunend vor dem kleinen Fenster stand und voll Mitleid an den bedauernswerten Insassen der Höhle dachte, kam einer der jungen Mönche, um dem Alten seine Nahrung zu bringen. Nach vorgeschriebenem Ritus klopfte er dreimal an das Fensterchen, atemlos schaute ich auf das winzige Mauerloch, und wahrhaftig, nach wenigen Sekunden knarrte die kleine Tür, bewegte sich ein wenig, und aus der Dunkelheit wuchs eine mit einem Fäustling verhüllte Hand. Nichts weiter, nur eine verhüllte Hand. Es erschien mir alles wie ein Traum, so behutsam, so verstohlen, gruselig und leise. Es war schwer zu begreifen, daß ein menschliches Wesen sich freiwillig in eine Höhle einsperren ließ, die man nicht einmal einem wilden Tier zumuten möchte. Aber zu meiner Überraschung hatten die meisten der jungen Klosterinsassen, die in der Nähe lebten und nicht älter als zwölf bis achtzehn Jahre waren, schon einmal freiwillig in einer Höhle gelebt. Sie empfanden nichts Furchterregendes bei dem Gedanken, in völliger Einsamkeit leben zu müssen, und warteten darauf, bis sie mit ihren Gebetsübungen so weit gediehen waren, daß auch sie wieder in Klausur gehen durften. Zweifellos war es ihre Erziehung von frühester Jugend an, die sie systematisch auf den Weg dorthin führte, und ganz gewiß spielte eine große Rolle der Glaube an eine bessere Wiedergeburt, vielleicht sogar im Kreise der Götter, der sie diese irdischen Härten leichter ertragen ließ.

Sie besitzen nichts in ihrer Grotte außer einem Rosenkranz, einer Trompete aus menschlichen Oberschenkelknochen und dem Eßgefäß, das meistens eine menschliche Hirnschale ist. So sitzen sie und murmeln tausendmal ihre Gebete und Formeln. Ihren Körper und ihre Hände halten sie dazu in einer vorgeschriebenen Pose, die den Teufel und die bösen Geister vertreiben soll. An einigen Stellen ihrer Litaneien beschwören sie vor ihrem geistigen Auge das Böse herauf, unheilbringende Monstren, wie sie an die Wände der Klöster gemalt sind, um diese Unholde dann mit ihren Zaubersprüchen zu bannen. Diese Fähigkeit, die Gestalt des Teufels heraufzubeschwören, ist für die Tibeter nichts Besonderes, denn sie sind überzeugt davon, in einer Welt zu leben, die voll von bösen Geistern ist, die es zu bekämpfen gilt.

Die Heiligen der Höhlen im Himalaja kämpfen jahraus, jahrein gegen Teufel und Dämonen, und als Lohn für ihre Taten hoffen sie auf eine höhere Wiedergeburt. Verehrtes Vorbild und Vater aller Höhlenbewohner ist Milarepa, der berühmte Jogi-Dichter. Er lebte im elften Jahrhundert und war der Sohn reicher Eltern. Durch Familienzwist und seine bösartige Mutter wurde er gezwungen, von zu Hause fortzugehen, um die Kunst der schwarzen Magie zu erlernen. Die ersten Proben seines Könnens, die er auf Wunsch seiner Mutter gab, hatten verhängnisvolle Folgen. Ein Haus stürzte ein, begrub Menschen unter sich, und Hagelschlag tötete einen Freund. Tief beeindruckt von diesen Taten kam plötzlich die Erleuchtung über ihn, und er beschloß, sein Leben zu ändern und nur noch im Sinne Buddhas zu leben. Auf der Suche nach einem Vorbild begegnete ihm in dem klugen und temperamentvollen Marpa der Lehrer, der für eine Weile sein Denken beeinflussen sollte. Marpa lehrte ihn, das Höchste, was man im Leben erreichen könne, sei die Vollkommenheit. Er selber habe sie nie erreicht, aber immer wieder drängte er seinen Schüler Milarepa auf den Weg zur Vollendung.

Als Milarepa in alle Mythen eingeführt war, stellte der Lehrer seinen jungen Schüler in einen magischen Kreis, schnitt ihm das lange Jünglingshaar ab, und dann trennten sich ihre Wege, Milarepa ging zurück in seine Heimat. Aber das Haus war zerfallen, und von seiner Mutter fand er nur noch die Gebeine, die er auf seine weitere Wanderschaft mit sich nahm.

Er zog sich in eine der vielen Grotten des Himalaja nahe dem Mount Everest zurück und lebte dort in völliger Askese. Er aß immer weniger, am Schluß nur noch eine kleine Schale gekochter Brennesseln, die ja auf allen Darstellungen das Symbol Milarepas sind. Seine Kleider verschlissen, lösten sich schließlich ganz auf, und er ersetzte sie nicht mehr. Seine Haare und Nägel wurden immer länger, und sein Körper war zum Skelett abgemagert, ein nur noch im Jenseits lebender lamaistischer Jogi. Seine Schwester versuchte, ihn aus seinem unirdischen Leben zurückzuholen, aber er antwortete ihr mit einem Gedicht, in dem es hieß, daß er glücklich und zum Licht gelangt sei. Sein Körper erreichte durch jahrelange Übungen ein solches Maß an Selbstbeherrschung, daß seine Organe nach seinem Willen Wärme erzeugen konnten, und wenn er seine Visionen hatte, konnte er durch das Universum fliegen. So wurde er ein hochbetagter Mann, der seine Lieder sang, Gedichte schrieb und als berühmtester Zauberer und Magier von Höhle zu Höhle zog. Viele Schüler scharten sich um den weisen Dichter-Jogi und zogen mit ihm. Seine Gesänge und Gedichte wurden in viele Sprachen übersetzt. Sie sind die bekannteste Literatur Tibets innerhalb und außerhalb des Landes.

Auf meiner Flucht aus dem Gefangenenlager in Indien nach Tibet habe ich zusammen mit Peter Aufschnaiter Hunderte von Höhlen gesehen und aufgesucht, damals immer in der Hoffnung, etwas Eßbares zu finden. Aber diese Grotten waren schon lange verwaist, und wir suchten vergeblich nach Gerstenkörnern und

Opfergaben aus Jakbutter, die sonst von den Pilgern in die Höhlen gebracht werden. Was wir aber an Kunstschätzen, die sich im Laufe der Jahrhunderte angesammelt hatten, in den Höhlen entdeckten, wäre der Stolz jedes Völkerkundemuseums gewesen. Kostbare Bücher, Fragmente manchmal, zum Teil auch noch vollständig erhalten, lagen auf dem Boden. Mit goldenen Buchstaben waren auf wertvolles Papier Gebete und religiöse Gedichte geschrieben. Daneben standen kleine und große Götterstatuen, die Pilger geopfert hatten, aus Holz geschnitzt, aber auch aus wertvollen Metallen gegossen. Nicht zu zählen waren die Tsa-Tsa, die in allen Größen zu Hunderten, oft zu Tausenden, ja Zehntausenden in den Grotten aufgehäuft herumlagen. Diese *Tsa-Tsa* waren Opfergaben. Man vermischte die Asche eines Toten oder eines Bildes von einem berühmten Toten mit Lehm und preßte mit Modeln daraus kleine Plaketten, die man in die Höhlen als Weihegaben brachte oder zu Hause am Altar niederlegte.

Oft nahm ich solch ein kleines Lehmbild in die Hand, hielt es zwischen meinen Fingern und überlegte, wie lange es wohl schon hier gelegen und wessen heilige Asche man zu seiner Herstellung verwendet haben mag. Lehm, ein kleines Stückchen Lehm, und doch so rührend in seinem religiösen Sinn. Als ich in Lhasa lebte, gab es dort eine regelrechte Fabrikation von einer anderen Art von Tsa-Tsa, die natürlich besonders wertvoll war, da sie vom berühmtesten Pilgerort Tibets stammte. Sie war zum größten Teil aus der Asche des Leichnams eines angesehenen Mönches oder Lamas, mit Lehm vermischt, geformt. Auch Speichel nahm man dafür, ja selbst die Exkremente. Man preßte aus diesem Brei Figuren der Schutzgötter und trocknete sie an der Luft. Auf Reliquienschreinen wurden sie dann aufgestellt, um Haus und Familie zu behüten. Meist war die mächtige Götterdreiheit des lamaistischen Götterhimmels dargestellt: Avalokiteshvara, Manjusri und der schreckliche, den Donnerkeil in der Hand haltende Vajrapani.

Auf unserer monatelangen Wanderung durch den Himalaja kamen Aufschnaiter und ich auch an bewohnten Höhlenklöstern vorbei, die aus dem Löß gebrochen waren und wie Vogelnester an die Felsen geklebt hingen. Sie standen mit Leitern und endlosen Höhlengängen untereinander in Verbindung. Einmal wurde man sogar in einem Korb von den Mönchen hochgehißt, weil es sonst keinen Zugang gab. Als wir in einer dieser leeren Einsiedeleien übernachten wollten, trauten wir unseren Augen nicht. Als wir vorsichtig die alte knarrende Tür öffneten, starrte uns ein leuchtendes riesiges Augenpaar entgegen. Wir brauchten einige Zeit, ehe wir uns gefaßt hatten, dann sahen wir nach unten und erkannten eine fünf Meter hohe vergoldete Buddhafigur, die über zwei Stockwerke reichte und deren edelsteinfunkelnde Augen genau in unserer Höhe waren.

Die Faszination, immer wieder neue Grotten zu entdecken, ließ uns auch später nicht mehr los, als wir neun Monate in Kyrong, dem »Dorf der Glückseligkeit«, lebten. Hier stießen wir noch einmal auf Milarepa, als wir zu einem Felsenkloster hinaufkletterten, das zweihundert Meter über dem Tal aus dem Fels gehauen war. Rote Tempel (Trakar Taso, Weißer Felsen-Pferdezahn, war der Name) und unzählige Klosterzellen waren meist unbewohnt. Nur ein paar Mönche und Nonnen trafen wir an, die uns freundlich empfingen und erklärten, daß dies das

Rechte Seite:
Die Macumba-Tänzer in Brasilien zeichnen mit Kalk magische Zeichen, die der abendländischen Zauberpraxis des 16. bis 18. Jahrhunderts entstammen, auf die gestampfte Erde.

Kloster Milarepas sei, wo er gegen Ende seines Lebens gelebt und meditiert habe. Wir konnten verstehen, daß die herrliche Lage und Einsamkeit von Trakar Taso geradezu geschaffen war, um zu meditieren und Gedichte zu schreiben. Das Kloster wurde durch Milarepa so berühmt, daß im Laufe der Jahre etwa sechzig Eremitagen rings um Kyrong entstanden sind, in denen Mönche und Nonnen lebten.

In Kyrong hatten wir zwei Erlebnisse, die uns in den Kreis von Magie und Zauber brachten. Eines Tages war im Gouverneurssitz nahe der Festung eine Epidemie ausgebrochen, und um seine junge Frau mit den Kindern in Sicherheit zu bringen, hatte sie der dortige Distriktsbeamte nach Kyrong geschickt. Die Krankheit war eine schwere Dysenterie und hatte schon viele Opfer gefordert. Leider hatten die Kinder die Bazillen der Seuche bereits in sich, und eines nach dem anderen wurde davon befallen. Ich besaß damals noch etwas von einem sehr guten Mittel gegen Dysenterie und bot es der Familie an in der Hoffnung, ihnen helfen zu können. Es war ein großes Opfer von Aufschnaiter und mir, denn wir hatten diese Tabletten für den Notfall für uns selbst aufbewahrt. Aber es half leider nicht, und drei von den Kindern starben. Das Kleinste, das zuletzt erkrankt war und kein Medikament mehr bekommen konnte, wollten wir trotzdem unter allen Umständen zu retten versuchen. Wir machten den Eltern den Vorschlag, einen Boten mit einer Stuhlprobe nach Kathmandu zu schicken und je nach Befund das richtige Medikament besorgen zu lassen. Leider wurde dieser Bote nie abgeschickt und das Kind nur von Medizinmönchen behandelt. Sogar ein inkarnierter Lama wurde von weit hergeholt, aber alle Bemühungen blieben vergebens. So traurig

Linke Seite:
Dämonentänzer im Schinto-Schrein in Kyoto, Japan.

dieser Fall war, für uns bedeutete er eine Rechtfertigung, denn wäre das letzte Kind gesund geworden, so hätte man uns für den Tod der anderen verantwortlich gemacht. Auch die Eltern und mehrere Erwachsene erkrankten, aber sie blieben am Leben. Vielleicht weil sie eine der Heilmethoden der Tibeter befolgten, immer reichlich zu essen, große Mengen Alkohol zu sich zu nehmen und sich nicht hinzulegen. Die Kinder hatten die Nahrungsaufnahme verweigert und waren daher rasch von Kräften gekommen. So konnte fast zu unserem Glück jener Mönch, der an der Medizinschule von Lhasa studiert hatte, die Kinder auch nicht heilen. Er kannte viele Kräuter und ihre Zusammenstellung, aber gegen Infektionen konnte auch er nichts ausrichten. Er war ein angesehener Mann und lebte von den Lebensmitteln, die ihm als Honorar für seine Behandlung zuflossen. Seine Behandlungsmethoden waren recht unterschiedlicher Art. Eine davon bestand darin, einen Gebetsstempel auf die schmerzende Stelle zu drücken, was bei Rheuma angeblich auch Erfolg hatte. Bei schweren Fällen brannte er mit einem glühenden Eisen Löcher an bestimmten Stellen in die Haut. Ich war selbst einmal Zeuge, wie ein schon Aufgegebener dadurch aus der Ohnmacht erweckt wurde. Aber manche Patienten litten dann an eitrigen Brandwunden. Auch bei Haustieren wurde diese drastische Methode angewendet. Da ich selber bei ihnen als halber Arzt galt und mich für alles Medizinische immer sehr interessierte, hatte ich lange Unterredungen mit dem Mönch. Er gestand mir, daß er die Grenzen seines Wissens genau kenne, doch er zerbrach sich nicht weiter den Kopf darüber und hatte nie unangenehme Zwischenfälle, denn er wechselte dauernd seinen Aufenthaltsort. Da er durch diese zweifelhaften Kuren seine Pilgerfahrten finanzieren konnte, war damit auch sein Gewissen beruhigt.

Schon seit vorbuddhistischer Zeit ist Tibet bekannt als das »Land der Heilkräuter« oder »Land der Heilkunst«. Man erzählt von einem »Palast der Hunderttausend Heilkräuter«, in dem Kräuter getrocknet, sortiert und sorgfältig aufbewahrt wurden. Später gelangte dann die Medizinschule in Lhasa zu großer Berühmtheit. Buddha selbst wurden heilende Fähigkeiten zugeschrieben, und man nannte ihn daher auch den Medizinbuddha. Wenn die Tibeter Kranke mit Giften behandelten, darf man nie außer acht lassen, daß immer Zauberei mit im Spiel war, die göttliche Merkmale trug. So nannten sie die drei Grundübel der Menschheit, Haß, Dummheit und Gier, auch die drei Gifte der Menschen. Die konkreten Gifte teilten sie in verschiedene Kategorien ein. Einmal die natürlichen Gifte von Tieren und Pflanzen, zum anderen Substanzen, die erst zu Giften werden. Sie unterschieden ferner sichtbare Gifte, deren giftige Eigenschaften für jeden erkennbar sind, und Gifte, die erst durch eine Mischung entstehen. Viele Ratschläge zur Behandlung der Krankheiten hatten religiösen Ursprung. Der Genuß von Alkohol und Tabak galt nicht nur als gefährlich, sondern auch als verachtungswürdig. Es ist ein altes buddhistisches Gesetz, das alles verbietet, was Körper und Geist schaden kann: »Der erste Grad von Trunkenheit raubt dem Opfer seine Sinne und macht ihn schamlos. Im zweiten Grad benimmt sich der Betrunkene wie ein wilder Elefant, und im letzten Stadium gleicht er einem Toten.« Die Medizin im alten Tibet spielte eine bedeutsame Rolle, und immer war das wichtigste die Verbindung zwischen Körper und Geist und des täglichen Lebens mit der Religion. Auf einigen meiner tibetischen Thangkas (Bilderrollen) ist ein Medizinbuddha dargestellt, dessen Symbol als Heilender aller Krankheiten der Dreizack ist, um den sich eine Schlange ringelt. Ich lernte viele Kräuter in Lhasa kennen, so die Pflanze Kushta, die als Mittel gegen Malaria-Fieber in Verbindung mit Heilzaubersprüchen verwendet wird, um damit den feindlichen Krankheitsdämon zu vertreiben. Hörner wildlebender Tiere wurden zu Pulver verrieben, und Korallen benützte man ebenfalls zu Heilzwecken. Alle diese Mittel, die oft auf Jahrtausende alte Überlieferungen zurückgehen, werden heute noch nach der Heilkunst des »Göttlichen Wissens vom Leben« verschrieben, immer begleitet von Heilzaubersprüchen. Man verwandte auch körperliche Ausscheidungen, besonders heiliger Menschen, zu Heilzwecken, beispielsweise in Gestalt von Pillen, die man einnahm oder als Talisman mit sich führte. Diese wenigen Beispiele zeigen, welche Bedeutung die Medizin im alten Tibet hatte. Ein Gebiet, das leider weitgehend unerforscht geblieben ist. Daher habe ich es immer bedauert, daß nicht ein Arzt mit mir aus Indien nach Tibet geflohen ist, um die Zusammenhänge zwischen körperlicher und seelischer Behandlung und die Bedeutung des religiösen und sozialpolitischen Lebens dieses alten Kulturvolkes an Ort und Stelle zu studieren.

Mein zweites Erlebnis, das mit Geistern in engem Zusammenhang stand, hatte ich ebenfalls in Kyrong. Während unserer vielen Ausflüge in die umgebende Bergwelt brachte uns der herrliche Schnee auf den Gedanken, Skier zu bauen. Aus Birkenstämmen entstanden recht ordentliche Bretter, und wir freuten uns über unseren ersten gelungenen Versuch. Wir konnten es zunächst gar nicht fassen, als wir eines Tages vom Distriktbeamten vorgeladen wurden und man uns das Verlassen von Kyrong verbot. Eine richtige Begründung gaben sie uns nicht, lediglich, daß die Bären, Panther und wilden Hunde eine zu große Gefahr für uns bedeuteten. Wir glaubten das nicht so ganz, nahmen vielmehr an, daß die Bevölkerung in ihrem Aberglauben Angst hatte, wir könnten durch unsere Ausflüge die in den Bergen hausenden guten Dämonen erzürnen. Tatsächlich war der Grund des Verbotes unser Gleiten in einem für sie unheimlichen Tempo auf den Skiern gewesen. Eine Zeitlang gaben wir nach, aber eines Nachts hielten wir es nicht mehr aus und trugen bei

Mondschein heimlich unsere Skier wieder ein Stück die verschneiten Hänge hinauf. In aller Frühe gingen wir dann über die Waldgrenze und genossen auf unseren selbstgebastelten Skiern den herrlichen Firnschnee des Himalaja. Vor unserer Weiterflucht zerbrachen wir dann unsere Skier, und die Tibeter haben nie erfahren, ob wir die Geister waren, die auf dem Schnee »geritten« sind, wie sie sich ausdrückten. Die Flucht aus Kyrong planten wir für die Nacht, denn in der Dunkelheit waren wir sicher, daß uns die Tibeter nicht erwischen würden. Nachts beleben die bösen Geister, vor denen sie sich fürchten, und die Dämonen, die sie verehren, die Wälder und Berge, und kein Tibeter traut sich deshalb aus dem Haus in die Wildnis zu gehen.

Wir marschierten von Kyrong nach Norden dem Himalaja zu, denn ihn und das Sven-Hedin-Gebirge mußten wir überqueren, um unser Ziel, Lhasa, die Hauptstadt Tibets, zu erreichen. So mühsam und von Kälte und Hunger geplagt unser Fußmarsch auch war, der Schönheit und Majestät der Himalajariesen konnten wir uns auch in unserem elenden Zustand nicht entziehen. Gab es einen besseren, würdigeren Ort als diese einsamen Eisgipfel, wo man sich den Sitz und Thron seiner Götter vorstellen konnte? So waren auch alle hervorragenden Berge des Hauptkammes nach einem ihrer Götter benannt. Das Interessante ist, daß alle Spitzen von Süden aus gesehen einen indischen Götternamen tragen, während sie von der tibetischen Seite, also von Norden, nach deren Göttern und Schutzdämonen benannt sind. Manche von ihnen wie der Kangtschendzönga in Sikkim und der Matschaputschari in Nepal durften nicht bestiegen werden, und bei vielen anderen hatten die Expeditionen immer große Schwierigkeiten, die Genehmigung zu bekommen. Eine japanische Gruppe, die im Jahre 1954 den 8125 Meter hohen Manaslu bezwingen wollte, wurde von den Einheimischen mit

Steinen vertrieben. Sie erklärten, alles Unheil käme von den Versuchen, sich in die Regionen der Götter zu wagen, die ihren Zorn über ihr Dorf ausgeschüttet hätten und ihnen Dürre, Unheil und Krankheit brächten.

In vorbuddhistischer Zeit hielt man den Berg für den Ort, wo die Familien ihren Ursprung nahmen und die Seelen der Toten zu den Berggöttern zurückkehrten. »Alles Schöne ist heilig!« heißt ein Spruch der Tibeter, und gab es etwas Schöneres, Reineres und Erhabeneres als einen einsam in den Himmel ragenden Berg? Sei es der Fudschijama in Japan, der Olymp in Griechenland oder der Heilige Kailas in Tibet. Kein Tempel konnte erhabener sein als diese Schöpfungen der Natur. Auch Peter Aufschnaiter und ich machten eine lange Rast, als wir zum erstenmal den »heiligsten Berg der Welt«, den Kailas, im klaren Morgenlicht vor uns liegen sahen. Obwohl wir auf der Flucht

waren und wenig Zeit zum Ausruhen hatten, genossen wir den herrlichen Anblick. Unübersehbar waren die vielen *Steinmänner*, Opfergaben, die fromme Pilger seit Jahrhunderten dort aufgeschichtet hatten, dazwischen von der Witterung verwaschene Gebetsfähnchen und, zur Abwehr böser Geister, die Hörner von wilden Jaks und Schafen. Mein Freund Fritz Lobbichler erzählte mir, daß er bei seiner Expedition im Hunzagebiet überall auf Geister- und Dämonenglauben gestoßen sei. Sie verehrten dort feenähnliche Erscheinungen, die auf den Gipfeln der Berge hausen. Sie sollen blauäugig und blond und in blaue Gewänder gehüllt sein. Ihre Gestalt sei die von hochgewachsenen Menschenfrauen, nur ihre Füße seinen umgedreht angewachsen. Diese Feen scheuten Rinder und alles, was mit ihnen in Verbindung stehe. Deshalb empfahl man Lobbichler, bei seinem Ersteigungsversuch am Diran getrocknete Kuhfladen mitzunehmen, um diese Feen fernzuhalten.

Auf dem Weg zum Kailas begegneten uns auch die ersten Pilger, die durch ständiges Hinwerfen, mit dem Gesicht zum heiligen Berg, Hunderte, ja Tausende von Kilometern mit ihrer Körperlänge messen. Besonders fromme Pilger maßen die Wegstrecke sogar mit ihrer Körperbreite, und sie brauchten oft Jahre, bis sie von ihrem Heimatort zum Kailas oder nach Lhasa gelangten. Ich traf einmal einen *Bettelpilger,* der schon seit fünfzehn Jahren unterwegs war. Sein Schafspelzmantel war alt und zerfetzt, seine Hände hatte er durch Holzhandschuhe beim ständigen Niederwerfen geschützt, und seine Haut war wie uraltes Leder, voller Falten und Staub

der vielen Jahre. Manchmal trugen diese Pilger einen Speer, an dem verschmutzte Amulette gegen böse Geister hingen; ihre Eßschalen waren menschliche Schädeldecken, in die vorbeiziehende Karawanentreiber ihnen etwas Nahrung oder Almosen legten. Alle bewegten sich in einer Richtung um den Kailas herum, denn Heiligtümer dürfen nur im Uhrzeigersinn umpilgert werden. Nur die Anhänger der alten Bön-Religion umwandern heilige Stätten in entgegengesetzter Richtung.

Als ich später als Bürger Tibets und Angestellter der Regierung in Lhasa lebte, lockte es mich immer wieder, alte Klöster und Grotten zu besuchen, um Sitte, Religion und Wesensart meiner Freunde an diesen historischen Stätten zu studieren. Nicht weit von der Hauptstadt entfernt lag steil in einer Felswand angeklebt die Höhle Padmasambhavas, die man nur über senkrecht hinaufragende Leitern erreichen konnte. Sie war inzwischen zu einem berühmten Meditations- und Pilgerplatz geworden, denn Padmasambhava war kein Geringerer als der

Gründer des Lamaismus um die Mitte des achten Jahrhunderts und wurde als Inkarnation fast von allen Gläubigen verehrt. Man nennt ihn auch Guru Rimpotsche, was etwa der »hochverehrte Leher« bedeutet. Die Mönche pilgerten zu diesem heiligen Platz, um zu meditieren und an seinen Fuß- und Sitzspuren Opfer zu bringen. Auch Buddhas Hand- und Fußspuren werden an vielen Orten verehrt. Die Legende berichtet, Buddha sei nicht nur mit den Merkmalen des »Großen Menschen« begabt gewesen, wie der Erleuchtung, die von seinem ganzen Körper ausging, sondern er habe auch die »Große Hand« gezeigt, die langen Finger, die tiefen gleichmäßigen Handlinien, die mit einer Haut verbundenen Finger- und Zehenansätze, die glatten Fußsohlen und Handflächen, die große Ferse und das Symbol auf der Fußsohle: ein Rad mit tausend Speichen, gehalten von Kreis und Nabe. Ich besitze einige Bildrollen, auf deren Rückseite neben dem Segensspruch noch der Handabdruck eines heiligen Lamas zu erkennen ist, gleichsam als Signum des Klosters, in dem die Bildrolle angefertigt wurde. Der Abdruck der Hände als Signum hat sich bis in die Gegenwart erhalten. Noch der dreizehnte Dalai-Lama (1876–1933) segnete wichtige Schriftrollen mit dem Abdruck seiner Hände. Heilig und segenbringend sind auch Fußspuren und die Abdrücke von Fußspuren anderer Götter und Heiliger. Im Hinduismus hat sich die Verehrung der Fußspuren Vishnus erhalten, der nach der Legende mit drei Riesenschritten das ganze Universum durchmaß. Abbildungen dieser Füße mit den sechs bzw. acht Glückszeichen wurden am Körper getragen oder im Hause aufbewahrt.

Einsam und völlig verlassen lag eine Höhle, die ich 1961 im Himalaja besuchte, zu der man nur durch tiefe Schluchten und entlang steiler Felswände gelangen konnte. Erst nach langem Suchen entdeckte ich hoch oben an einer Felswand eine von Menschenhand gebaute Mauer, zu der unzählige aus dem Stein geschlagene Stufen steil hinaufführten. Nachdem ich eine alte wacklige Holzbrücke vorsichtig überschritten hatte, stand ich vor einer kleinen Hütte, die der Eingang zur Höhle war. Die Grotte war groß, und von der Decke hingen dicke Stalaktite herab, und in die Sinterterrassen hatten fromme Hände »Om mani padme hum« eingemeißelt, zu deutsch etwa »O Kleinod im Lotos«. Aber was mich am meisten interessierte, waren vier Götterstatuen, die aus Stalagmiten geformt waren und fast einen Meter hoch aus dem Boden ragten. Stalagmiten sehen aus wie hochgestellte große Eiszapfen und entstehen durch die Verdunstung kalkreichen Wassers. Diese aus dem Boden herausgewachsenen Figuren war keine Wunder der Natur, sondern vor vielen Hunderten von Jahren von Künstlerhand aus den Tropfsteinen herausgemeißelt worden. Kaum konnte man ihre Gesichter erkennen, so verrußt und abgegriffen waren sie. Auch hier lagen wie überall Tsa-Tsa in den kleinen Felsnischen, und von der Decke hingen bunte *Gebetsfahnen* mit frommen Sprüchen herab. An den Wänden konnte

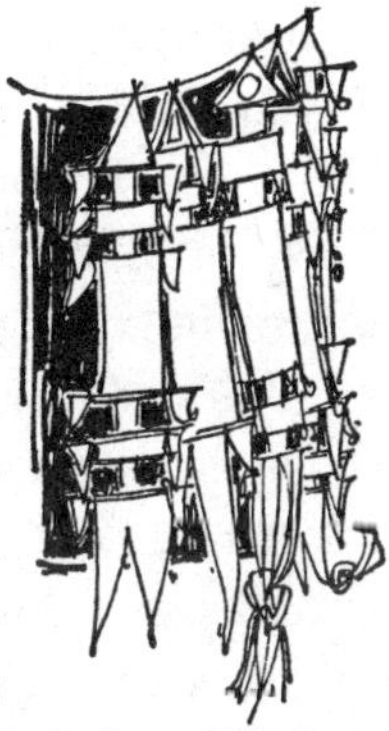

ich nur wenige der acht *buddhistischen* Glückszeichen erkennen, die meisten waren abgebröckelt, oder die Malerei war verblaßt.

Immer sind diese acht Glückszeichen, zu denen auch das Bild einer *Schnecke* gehört, in die Fußabdrücke Buddhas oder Vishnus eingezeichnet und auf einer Unzahl weltlicher und religiöser Gegenstände verewigt. Man malt oder schnitzt sie aus Holz an Häusern und Einrichtungsgegenständen. Man verehrt sie an Behältern und kunstvollen Stickereien ebenso wie an Schmuckstücken und Amulettkästchen. Neben den acht Glückszeichen gibt es noch eine Reihe von Bilder und Zeichen anderen mystischen Gehaltes, wie den »Magischen Kreis«, das Mandala, das täglich von den Lamas benutzt wird. Dann die vielen Zauberamulette gegen Krankheit und Unheil, die bedruckten Zeremonienfahnen, die Glück bringen sollen, und die Büschel von Stoffetzen, die sie zum gleichen Zweck an Bäumen, Häusern und Brücken befestigen. Später sollte ich Fetzenopfer ähnlicher Art an Bäumen und Quellen noch in anderen Kontinenten kennenlernen: bei den islamischen Völkern Kleinasiens, im katholischen Wallfahrtsbrauchtum Irlands, Belgiens, Frankreichs und in den Alpenländern, in Mexiko wie in Andalusien. Offensichtlich sollte das Darbringen der Tücher und »Fetzen«, dieser Symbole für Kleider, oder diese abgerissenen Teile der Kleidung die ständige Gegenwart des Gläubigen am Ort des Heiles sichtbar dokumentieren und so Schutz und Heil sichern.

Unter diesen Zauberkreisen gibt es in Tibet, wie überhaupt im Bereich des buddhistischen Tantrismus, die unterschiedlichsten Gebilde. Aber auch die Anwendungsformen und die Bedeutungen sind höchst kompliziert. So gibt es die Anschauung, daß die Erlösung durch magische Handlungen gewonnen wird. Hilfsmittel sind dabei der Zauberkreis (Mandala), mystische Fingerstellungen (Mudra), Zauberformeln (Dharani) und Zaubersilben (Mantra). In Tibet wohnte ich mehrmals entsprechenden Zeremonien bei. Aus verschiedenfarbigem Sand bauten Mönche den »Zauberkreis« auf dem Erdboden auf. Er sah aus wie eine riesige Torte. Die Figuren und die Farbwahl waren von großer Schönheit. Diese Mandala waren kosmologische Symbole, Bilder des Kosmos, deren einzelne Teile wiederum auf den Menschen bezogen gedacht wurden. Das große Vorbild dieser Gebilde war das Deckengemälde in einem Tempel von Lhasa. Als Mittelpunkt ist der ewige Adi-Buddha oder Vairochana dargestellt. Von ihm gehen Strahlen zu den vier Seiten und den vier Ecken des in den Kreisring eingeschriebenen Vierecks aus, die Felder bilden, in denen ihn acht Doppelgänger oder Manifestationen seiner Wesenheit, verschieden nach Farbe, Gebärde und Beiwerk, umgeben. Sie sind die Bestandteile, die wesenhaft mit dem unbeweglichen Absoluten verbunden von diesem in die Welt entsandt werden. Sie erleuchten das All, sie halten das Ausgedehnte, sie sind zugleich im Innern der kosmischen Blume beschlossen, die sich innerhalb des quadratischen Heiligtums ausbreitet. In der Mitte der Seiten dieses quadratischen Feldes sind genau gezeichnete und reich ausgemalte Tore. Jenseits der Mauern sind geringere Persönlichkeiten dargestellt, Torwächter, Zeremonienschirme und andere Symbole lamaistischen Kultes. Der äußere Ring ist ein riesiger Kranz von vierundsechzig verschiedenfarbigen Blütenblättern.

Die Herstellung dieses »Zauberkreises« war eine heilige Handlung von unerhörter Ruhe und Konzentration, von Andacht und Versenkung. Aber auch dieser Zauberkreis wurde mitunter in schlichter, ja primitiver Form angelegt und gebraucht. Wie im Abendland die verwandelte Hostie zu Zauberei gebraucht wurde, so in Tibet auch das Mandala: um Schätze ausfindig zu machen, unsichtbar zu werden, Reichtum zu gewinnen, Hexereien und Verzauberungen zu lösen, Geister und Dämonen zu bannen oder anderen auf magische Weise Schaden zuzufügen.

»O KLEINOD IM LOTOS«

Das bekannteste, heiligste und am meisten verbreitete Symbol ist der Lotos, denn Buddha wurde aus ihm geboren. Aber auch andere Götter sind auf einer Lotosblüte thronend dargestellt. Die herrlichen Lotosblüten, so sagen die Gläubigen, bedeuten unbefleckte Reinheit. Ähnlich der christlichen Kirche gibt es auch im Buddhismus die Symbolik der Dreieinigkeit: Buddha, sein Wort und der Tempel.

Das Kreuz mit dem gebogenen Ende jedes Armes (Hakenkreuz oder Svastika), ein auf der ganzen Welt verbreitetes Symbol, ist für die Tibeter ein gutes Vorzeichen und bedeutet, daß alles im Fluß ist, kurz, das Leben selbst. Zu den wichtigsten Symbolen gehören auch noch »die sieben persönlichen Edelsteine« und »die fünf geistigen Qualitäten«. Sie stellen das geistige Gut der klugen Lamas dar.

Einer der bedeutendsten Lamas war der große indische Reformer des Lamaismus, Atisha, der im Alter von sechzig Jahren um 1038 nach Christi Geburt nach Tibet kam. Er lebte einige Jahre in der Höhle von Tra Yerpa, die nur einen halben Tagesritt von Lhasa entfernt lag und die ich mit meinen tibetischen Freunden oft besuchte. Sie war auch zu meiner Zeit noch ein religiöser Ort, denn hier an dieser historischen Stätte wurden heilige Mönche und Lamas verbrannt, oder ihre Leichen zerhackt und den Vögeln vorgeworfen. Mögen uns die Todeszeremonien der

Tibeter vielleicht ungewöhnlich erscheinen, so sind sie doch die logische Folge der Lehre des Buddhismus. Sie zeigen eine ganze Anzahl Riten, die nur verständlich sind, wenn man den komplizierten Dämonenglauben berücksichtigt, der neben der reinen Lehre Buddhas lebendig ist. Es gibt vier Arten der Leichenvernichtung in Tibet. Die Armen werden einfach in den Fluß geworfen und dort von den Fischen gefressen. Bestattung gibt es nicht, lediglich, wenn man eine ansteckende Krankheit wie Blattern oder die Pest vermutet, werden die Toten in der Erde verscharrt.

Meistens werden die Leichen dann von den stets hungrigen Hunden und Wölfen ausgegraben und gefressen. In den waldreichen Gegenden des Himalaja, wo es viel Holz gibt, wird unter tagelang dauernden Zeremonien der Tote verbrannt, und seine Asche in alle Winde zerstreut. In Lhasa, wo es kaum Holz gab, hatte ich mehrfach Gelegenheit, die Totenriten kennenzulernen. Man hüllte die Leiche in weiße Tücher und trug sie an einen Platz außerhalb der Stadt, meist in der Nähe des zweitgrößten Klosters der Welt, Sera. Dieser Ort war durch die zahlreichen Geier, Krähen und Hunde schon von weitem zu erkennen. Dort zerhackten Leichenzerstückler, Domden, wie sie auf tibetisch heißen, mit einem Messer und schweren Steinen den Körper des Toten. Meist saßen zwei Lamas daneben und murmelten Gebete und schlugen dumpf auf einer Trommel. Zum Schluß wurden die Knochen der Leiche in Felsgruben wie in einem Mörser zerstampft, damit auch sie von den Hunden verzehrt werden konnten und vom Leichnam keine Spur zurückblieb. Am Fuße der Höhle von Tra Yerpa sieht man heute noch die ausgehöhlten Felsenmulden, die als natürliche Mörser dienten. Auch ein Pflock war in die Erde getrieben worden, an dem man die Leichen festband, da sonst die gierigen Geier die Toten fortgezerrt hätten.

Groß ist die Liebe des Tibeters zu den Hunden, und ich kannte in Lhasa kaum eine Familie, die nicht wenigstens einen besaß. Zu meiner Zeit gab es außerdem in Lhasa zweitausend wilde Hunde. Sicherlich steht diese Zuneigung in Verbindung zu dem »Leichenfraß« des Hundes, denn er war es ja, der den Verstorbenen auf seinen Weg ins Jenseits brachte und ihn durch das Auffressen vor dem Bösen beschützte. So kann man sagen, daß der Hund bei ihnen eine reinigende, positive, ja vor dem Bösen bewahrende Aufgabe erfüllte. Diese Leichenzerstückelungen waren von tief religiösen Motiven getragene Riten.

Manchmal allerdings nahm man einzelne Knochen von heiligen Lamas, um daraus religiöse Gegenstände zu machen, denn der Knochenkult spielt in Tibet eine bedeutsame Rolle. Fast alle Mönche gewisser Sekten besaßen und bliesen die Oberschenkelknochentrompeten, die meistens mit Leder, oft mit Menschenhaut überzogen waren und in der Mitte mit einer gedrehten schwarzen Schnur oder Silberdraht umwunden waren. Eine weitere Schnur hing an einer kleinen Öse, und diese Streifen schlug man dann in die Richtung, in der man die bösen Geister und Dämonen vermutete. Auch zum Geisteraustreiben schlug man

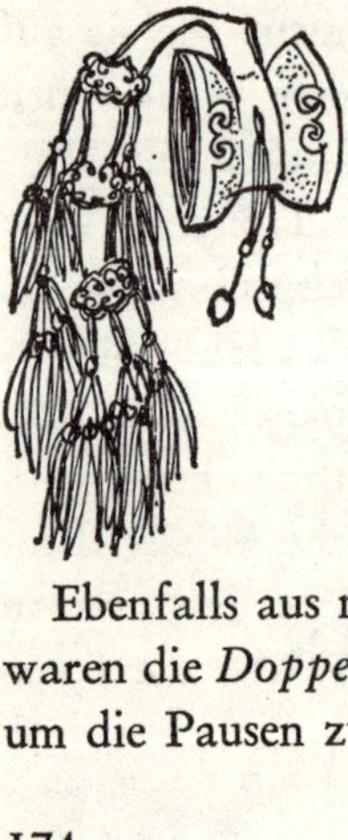

mit den Jakhaaren, die an der Trompete hingen, nach allen Richtungen. Das Instrument bestand jedoch nicht aus den Knochen eines Heiligen, sondern aus dem Schenkelknochen eines Übeltäters oder eines Menschen, der eines gewaltsamen Todes gestorben war. Manchmal hatte man diese Trompeten so gestaltet, daß man drei Augen, die Nase und den offenen Mund eines bösen Dämonen erkannte.

Ebenfalls aus menschlichen Knochen, nämlich der Hirnschale, waren die *Doppeltrommeln* hergestellt, die sie täglich benutzten, um die Pausen zwischen den einzelnen Gottesdiensten anzuzeigen und die Aufmerksamkeit der Götter zu wecken. Auch sie waren mit Menschenhaut bezogen, denn Knochen und Haut des Menschen waren für die Tibeter wie ein Amulett. Neben diesen kleinen Trommeln für den täglichen Gebrauch gab es welche, die nicht aus Menschenknochen, aber mit Menschenhaut bezogen waren, die riesengroßen religiösen Trommeln. Die einen wurden streng verschlossen im Tempel aufbewahrt und nur zur Anbetung von Buddha benutzt. Die anderen, ebenso groß, waren auf dem Rücken des Trommlers befestigt und wurden geschickt mit gebogenen Stöcken geschlagen.

Auch zwischen den Türkisen, Korallen und Holzperlen des tibetischen Rosenkranzes, der zum Beten, Rechnen und Weissagen gleichermaßen verwendet wird, befinden sich kleine gelbbraune Knochenringe. Rosenkränze, die Wahrsager und Orakelpriester für ihre schwarze Magie benützen, bestehen aus den Wirbeln einer Schlange. Knochen, besonders Schafschulterblätter mit »Om mani padme hum« beschrieben, sind beliebte Orakelgegenstände, die man wie Gebetsfahnen an Bäumen, Häusern und Brücken aufhängt, oder man erhitzt sie und entnimmt aus den Brandrissen den Orakelspruch.

Das Kostbarste, was ich je aus Menschenknochen gesehen habe, waren die kunstvoll geschnitzten Knochenschürzen der Schwarzhuttänzer in Lhasa. Diese wie Filigran gearbeiteten Schmucknetze, die über den ganzen Körper gehängt werden, wozu noch Stirn-, Arm- und *Fußornamente* kommen, waren von unermeßlichem Wert und wurden mit den Symbolen Donnerkeil, Glocke und Zauberdolch in der Hand und wertvollen Masken auf dem Kopf nur bei ganz hohen Festen getragen. In Riten und Kulthandlungen, mit denen Verkehr und Auseinandersetzung mit der Geisterwelt symbolisiert oder unmittelbar dargestellt wurde, gebrauchte man *waffenähnliche Geräte*. Ich fand sie in der sogenannten *Geister- und Folterkammer* des ältesten Klosters Tibets, in Samje, neben Säcken aus Leder, in die durch eine sakrale Handlung die Sünden der Pilger gebannt worden waren.

So unzählig Geister und Götter waren, so vielgestaltig waren die Opfer, die ihnen in frommer Demut und im Glauben, sie damit zu ehren und ihre Gunst zu gewinnen, dargebracht wurden. Bei allen großen offiziellen Opferfesten wurden die »Do« in Prozessionen herumgetragen und verbrannt, nachdem im Tempel die Geister in sie hineingebannt worden waren. Die »Do« sind große Türme, zum größten Teil aus Jakbutter und Teig aus Weizen-, Gersten- und Hafermehl modelliert und farbig bemalt. Auf ihrer Spitze thront immer ein riesiger, ebenfalls aus Butter geformter, zähnebleckender Totenschädel mit herausquellenden Augen, wie es gegenüber Seite 177 zu sehen ist. *Jakbutter* ist eine der wichtigsten Opfergaben auch bei häuslichen Zeremonien und bei den privaten Weihehandlungen an heiligen Stätten, um Erfüllung der Wünsche zu erlangen und den Göttern wohlgefällig zu sein. Die *Opfer-*

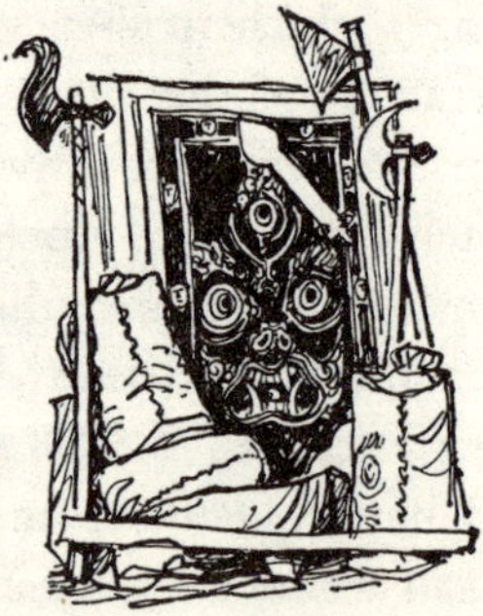

Rechte Seite:
Zu den schönsten Giebelzeichen der Welt gehören die Verzierungen auf dem Lungschau-Tempel in Taipeh auf Formosa.

gaben werden zum Teil figural ausgeformt, manchmal auch zu Modeln gepreßt. Die Ornamente, Blumen und Glückszeichen, sind aus buntgefärbter Butter.

Das Orakel nimmt im Leben der Tibeter ähnlich wie im alten Rom und Griechenland einen lebensbestimmenden Raum ein. Die Lamas und Schamanen wissen nichts von den astrophysikalischen Gesetzen der Natur und glauben, durch Orakelsprüche und Magie in das Naturgeschehen eingreifen zu können. Die Einsiedler in ihren Höhlen und die Heiligen in den Klöstern kennen unendlich viele Möglichkeiten, durch Beschwörungen, Tänze und Zaubermittel das Unheil zu bannen und die Mächte der Natur zu beeinflussen. *Donnerkeil, Glocke* und Zauberdolch sind drei der wichtigsten Kultinstrumente für diese magischen Zeremonien. Der Donnerkeil hat die Funktion, Krankheit, Schaden an Leben und Besitztümern abzuwehren und natürlich in erster Linie Schutz vor den dämonischen Mächten zu bieten. Dazu kommt noch die begünstigende Wirkung der Fruchtbarkeit und Zeugungskraft. Wie ich schon in meinem Kapitel über die Buschneger Surinams beschrieb, ist das Bild des Donnerkeils auch in der übrigen Welt heilig. Dieses Bild kann ein Steinbeil

Linke Seite oben:
Gebetsfahnen sind im Bereich der gelben Kirche als Schutz auf Hausdächern, Bergpässen und Brücken befestigt. In Tibet sind oft die sogenannten Windpferde neben den Gebeten aufgedruckt; sie sollen Pilgern in Not helfen.

Linke Seite unten:
Das aus Jakbutter modellierte »Do« wird in Tibet mit dem darin gefangenen Geist verbrannt, um Unheil abzuwehren.

prähistorischer Herkunft sein oder ein in der Natur gefundener Stein. Immer steht dieser Gegenstand in Beziehung zu Donner und Blitz, die ihn vom Himmel auf die Erde schleudern. Wie bei den Blitzröhren und Belemniten in Surinam, erlaubt auch der tibetische Donnerkeil phallische Deutungen. Ich erinnere mich übrigens noch genau an eine andere Sinngebung des Steins als Phallus, die ich in Lhasa an der Mauer des Edelsteingartens entdeckte, die den Sommerpalast des Dalai-Lama umgab. Mitten aus der Steinmauer ragten zwei phallusförmige Steine heraus, die beide in eine andere Richtung wiesen. Lobsang, mein Freund und Bruder des Dalai-Lama, gab mir die Deutung: Der eine war gegen eine tiefe Rinne, eine Art Tal gerichtet und sollte die Mönche daran hindern, ihr Zölibat aufzugeben. Der andere Stein wies gegen zwei große Berge im Trans-Himalaja, zwischen denen ganz klein die Spitze eines dritten Berges hervorschaute. Von dieser Bergspitze drohte Unheil und Verderben, und der Phallus sollte es abwehren.

Der Donnerkeil, bei kultischen Riten immer in der rechten Hand gehalten, verkörpert auch das männliche Prinzip, dessen Gegenstück, vom Lama links umfaßt, die Glocke darstellt. Die Bewegungen während der Zeremonien, die der Lama dann mit Donnerkeil und Glocke ausführt, symbolisieren die mystische Vereinigung beider. Ein besonders fein empfundener Vergleich erschien mir immer die Deutung der Tibeter, daß der Klang der Glocke, der so rasch dahinfließt, die Flüchtigkeit allen irdischen Geschehens zeige. Um die toten Geister der Verstorbenen zu füttern, bringt man den Toten Opfer dar. Diese Opferzeremonien heißen Tingschag. Den gleichen Namen trägt auch das Instrument, das ich als die zweite kultische Glocke der Tibeter bezeichnen möchte. Bei dieser Handlung wird ein buntgefärbter Kuchen aus Tsampateig und einer Handvoll Reiskörner in den Fluß geworfen. Vorher hat man mit einem Horn gegen eine kleine tellerförmige Glocke den Tingschag geschlagen, um die Geister zu rufen. Ich erinnere mich noch von meiner Lhasa-Zeit her an die alten Frauen, die, von vornehmen Tibetern dazu angestellt, am Flußufer saßen und stundenlang auf diesen Gong einschlugen und ihn immer wieder unter die Wasseroberfläche tauchten. Bei der großen Zeremonie wurden die Gongschläge begleitet vom Gesang mehrerer Lamas, die ihre Gebetsformeln im singenden Tonfall bis zu einhunderttausendmal wiederholten.

Zu den Insignien, die Lamas und Heilige in ihren Händen halten, gehört auch der *Zauberdolch*. Er besteht aus Holz oder Metall, wobei der Griff aus Bronze und die Klinge aus Eisen gebildet sind. Meistens ist der Griff die Wiedergabe einer lamaistischen Gottheit, wodurch zum Ausdruck gebracht werden soll, daß der ganze Dolch ein Bildnis des dargestellten Gottes sei. Mit ihm ersticht man die Geister und bösen Dämonen und wirft dazu noch mit Zaubersprüchen geweihte Samen und Kieselsteine hinterher. Außerdem benutzt man ihn zur Bodenweihe, indem man ihn in den Boden steckt, um die bösen Dämonen des Erdinnern zu bannen. So hat er ausgesprochen die Funktion eines Abwehrzaubers, und in tibetischen Tempeln unterstreichen riesige Ritualdolche diese Wirkung. Man kennt die Berichte, wonach Padmasambhava, der Begründer des Lamaismus, vor der Errichtung des Klosters Samje ebenfalls einen Zauberdolch in die Erde des Baugrundes gesteckt und somit den Boden geweiht und ihn dadurch den Erddämonen entrissen haben soll.

Siegbert Hummel, einer der großen Kenner tibetischer Kultur, weist auf die enge Verbindung zwischen dem Zauberdolch und den »Nagelmenschen« hin. Der Zauberdolch heißt auf tibetisch Phur-Bu, was soviel wie keilförmiger Pflock oder Nagel bedeutet. Hummel weist daraufhin, daß schon die Hethiter hölzerne Nägel kannten, die der magischen Abwehr dienten. Wo sie eingeschlagen wurden, waren den Dämonen die Wege versperrt. Der Zauberdolch als Instrument zur Abwehr dämonischer Mächte und Reinigung des Bodens ist also nicht nur auf Tibet beschränkt; seine Geschichte und enorme Bedeutung reicht bis etwa in das Jahr 3000 vor Christi Geburt zurück.

Im Gegensatz zum Hund, der hilft, die Seelen der Toten ins Pantheon zu geleiten, steht der dämonische Himmelshund. Er wird wegen seines bedrohlichen Wesens gefürchtet. Vor allem Eltern haben Angst vor ihm, wenn ihnen ein Kind und im besonderen ein Sohn geboren wird. Um diesen bösen Dämon von dem Neugeborenen fernzuhalten, schießt man in die Luft, damit der Lärm ihn vertreibe. Meine tibetischen Freunde erzählten mir auch die Legende vom »Alten Vater Khen-pa«, der dargestellt wird als weißhaariger Greis, in weiße Gewänder gehüllt und auf einem weißen Hund reitend. Khen-pa gilt als der Beherrscher des Himmelsraumes und seiner Geister und hat die Macht zur Abwehr böser Dämonen und zur Öffnung der Himmelspforte. Der Himmelshund der Tibeter entspricht in seiner Bedrohlichkeit und Wirksamkeit den bösen chinesischen Himmelshunden. Man sah sie in Meteoren, und der Sirius liegt ja bekanntlich im Sternzeichen des großen Hundes. Er ist verantwortlich für die meist unangenehmen Hundstage, und man brachte in China Hundeopfer als Abwehr gegen die Macht dieser heißesten Tage im Jahr. Sogar Menschenopfer soll ein chinesischer Kaiser dem Himmelshund gebracht haben.

Immer sind besondere Abwehrmaßnahmen nötig, und bei jedem Dorfeingang sieht man über dem Tor der Befestigungsmauer in einer Nische einen Hundeschädel von Fadenkreuzen umgeben, die böse Geister bannen sollen. Das Fadenkreuz, einem Spinnennetz nachempfunden, ist eine *Geisterfalle,* in deren feinem Gewebe sich die bösen Dämonen der Luft und der

Erde verfangen, um dann verbrannt zu werden. Groß ist die Furcht vor diesen Mächten, denn sie bedrohen das Leben und verfolgen vor allem Kinder mit Krankheit und Unheil. Kein Wunder, daß man diese aus bunten Fäden gebildeten Amulette überall antrifft. Die Verwendung dieser Fadenkreuze, Dö genannt, geht auf die vorbuddhistische Zeit zurück. Sie bestehen aus zwei oder mehreren gekreuzten Stäben, um die verschiedenfarbige Fäden gezogen und geflochten werden. Es gibt kleine, handtellergroße und riesige, bis zu zehn und mehr Metern hohe, die aus mehreren auf einem Mast zusammengesetzten Fadenkreuzen, untermischt mit Gebetsfahnen, bestehen. Vielfach sah ich diese Dö über Hauseingängen in der Kombination mit Widderschädeln, die zugleich als *Behälter magischer Materialien* wie Edelsteine, Silberstücke und

Fruchtkörner dienten, aber auch als Giebelzeichen und *Firstreiter.* Auf Firste wurden auch Reiter gesetzt, die mit mehreren Spitzen

in den Himmel ragten. Mit solchen geisterverscheuchenden Gabeln waren auch *Wasserspeier am Potala* besteckt, die zusätzlich auch noch Glocken trugen. Außer dem Hundeschädel habe ich an ihrer Seite häufiger noch die Schädel von Widdern gesehen, die angefüllt waren mit unzähligen Amuletten und Talismanen. Da gab es Stückchen aus Silber- und Goldfolie, kleine Türkise und andere Halbedelsteine, Münzen, Reiskörner, Gerste und Weizen. Außen auf dem Schädel hatte man ein Bild von Sonne und Mond gemalt und bunte Seidenfähnchen wehten um ihn herum. Auf seiner Basis hatte man eine Auswahl oval geschnitzter Holzbrettchen aufgestellt, auf denen allerhand reale Dinge abgebildet waren. Ich erinnere mich an ein Haus, einen Baum, einen Mann, eine Frau mit einer Spindel in der Hand, die zusammen mit Schädel und Fadenkreuz als zauberische Geisterfalle über der Tür des Hauses über dem Mauertor angebracht waren.

DAS ORAKEL VON LHASA

Je länger ich in Tibet lebte, desto mehr konnte ich feststellen, daß die Religion das Leben der Tibeter in allen Einzelheiten durchdringt: kein Gegenstand, kein Erlebnis, keine Handlung ohne religiöse Bedeutung. Der Hauptgrundsatz ihrer Religion besagt, daß alles unter dem Einfluß guter und böser Geister steht, diese Geister aber ihren Zaubersprüchen gehorchen. Die meisten Geister werden ausschließlich von dem Schamanen oder Orakel beherrscht, dessen Rolle dementsprechend bedeutend ist. Ich habe den Schamanismus bereits bei einigen Völkern, vor allem den Eskimo, beschrieben und werde bei den Tibetern nur einiges berichten, was ich selbst erlebt habe und was man als Abwandlung des vorbuddhistischen und sibirischen Schamanismus betrachten kann.

Unzählige Male war ich in Lhasa Zeuge, wenn ein berühmtes Orakel weissagen sollte. Nie werde ich den Eindruck vergessen, den meine erste Teilnahme an solch einer offiziellen Befragung auf mich machte. Schon von fern klang die monotone Musik aus dem Tempel, hörte ich die rhythmischen Gesänge. Es war eine unheimliche Atmosphäre, als man das Orakel, einen Priester, aus seinen Privatgemächern in die düstere Tempelhalle führte. Auf seiner Brust trug er einen runden Metallspiegel, und Diener hüllten ihn in kostbare Brokatgewänder. In seinen Händen hielt das Medium ein Schwert, dessen eiserne Klinge es später im

Laufe der Zeremonie wie Wachs zu einer Spirale biegen konnte. Außer der dumpfen beschwörenden Musik war kein Laut zu hören. Alle verharrten in erwartungsvollem Schweigen. Das Orakel begann nun seine Konzentration. Vielleicht hatte es sich vorher durch irgendwelche Drogen wie Haschisch oder Räucherwerk in einen Rauschzustand versetzt. Noch bewegte er keine Miene, immer mehr schien das Leben aus ihm zu weichen, bis plötzlich wie von einem Blitzstrahl getroffen sich der ganze Körper in wilden Zuckungen aufbäumte. Ein Aufatmen ging durch die Menge. Der Gott, auf den das Medium sich konzentriert hatte, hat für die Dauer seines Zustandes Wohnung in seinem Körper genommen. Nun tanzte es sich immer mehr in Trance, bis es einen Grad der Besessenheit erreichte, der seinen Körper immer stärker zittern ließ. Schweiß perlte auf seiner Stirn und Schaum trat vor seinen Mund. Jetzt kamen Diener zu ihm und setzten ihm einen riesigen phantastischen Kopfschmuck auf. Dieser war so schwer, daß zwei Männer ihn halten mußten, und ich sah, wie das Orakel unter seiner Last zusammensank. Es ist eine ungeheure körperliche und geistige Anstrengung, der diese Medien ausgesetzt sind, und sie zehrt an ihren Kräften.

Das Zittern wurde stärker, auf und ab schwankte der viel zu stark belastete Kopf. Die Augen quollen aus ihren Höhlen, das Gesicht war aufgedunsen, und zischende Laute brachen aus seinem Mund hervor. Plötzlich sprang das Medium auf, Diener wollten ihm helfen, er entglitt ihnen, und zum Wimmern der Oboen und dem Schlagen von Zimbeln und Trommeln im Hintergrund begann sich das Orakel in einem seltsamen ekstatischen Tanz zu drehen. Sein Stöhnen und Zähneknirschen waren die einzigen menschlichen Laute im Tempel, die man hören konnte. Er schlug mit einem silbernen Daumenring wild auf sein schimmerndes Brustschild ein, dumpf dröhnten die Trommeln, und seine Hände wurden mit Gerste oder Reiskörner gefüllt, die er unter die verängstigte Menge der Zuschauer warf. Diener hielten ihn mit festem Griff, und ein Kabinettsminister trat vor ihn hin. Über den von der Last gebeugten Kopf warf er eine Seidenschleife und begann, die vom Kabinett gewünschten Fragen zu stellen. Die Besetzung einer Gouverneursstelle zum Beispiel, die Auffindung einer hohen Inkarnation, Krieg oder Frieden, das alles wird dem Orakel zur Entscheidung vorgelegt. Oft mußte eine Frage wiederholt werden, bis das Orakel aufs neue zu lallen begann. Ich bemühte mich, aus dem Murmeln verständliche Worte herauszuhören, aber obwohl ich fließend tibetisch spreche, war es vergeblich. Während der Regierungsvertreter demütig gebeugt dastand und etwas zu verstehen versuchte, schrieb ein älterer Mönch mit schneller Hand alle Antworten auf ein Holzbrettchen nieder. Er hatte das schon viele Male in seinem Leben getan, denn er diente auch dem vorherigen Orakel als Sekretär. Ich konnte mich des Verdachtes nicht ganz erwehren, daß dieser Sekretär vielleicht das eigentliche Orakel war und nicht der medial veranlagte Mönch.

Die beiden berühmtesten Orakel waren das Regenorakel und das Staatsorakel. Das Staatsorakel lebte außerhalb von Lhasa in dem größten Kloster der Welt, Drebung. Niemals hätte das Staatsorakel irgend jemanden in Lhasa besucht außer den Dalai-Lama. Sein Rang war so hoch, daß selbst die Minister es persönlich aufsuchen mußten, um seine Weissagung zu bekommen. Obwohl meine direkten Vorgesetzten hohe tibetische Staatsbeamte waren, mußten auch sie mit mir nach Drebung gehen, um das Orakel zu befragen, als man mir den Auftrag gab, einen Damm zu bauen, der den Garten des Dalai-Lama gegen Überschwemmungen schützen sollte. Auch Privatleute holten seinen magischen Rat und mußten dafür viel bezahlen. Ganze Reissäcke und Butterlasten brachten sie mit, dazu Silbermünzen und weiße Glücksschleifen, deren Qualität von Wohlstand und Rang des Fragenden abhingen. Natürlich konnte das Orakel nicht bei jedem Besuch und jeder Bitte in Trance fallen, sondern man gab die Bitte auf einem Schriftstück ab. Diese wurden gesammelt und dann an einem Tag, wenn es ihm gelang, in Trance zu fallen, alle der Reihe nach vorgelesen und vom Orakel beantwortet. Die Fragesteller mußten anwesend sein, und das Orakel warf dann Hände voll Reis gegen die Auskunftsuchenden. Häufig waren die Weissagungen nur sinnbildlich, und der Fragesteller mußte diese doppelsinnigen, oft ganz kurzen Sätze selber mühevoll interpretieren. Manchmal schrieb das Medium seine Gedanken auch auf und überreichte sie dem Ansuchenden versiegelt mit einer Petschaft, dem doppelt gekreuzten Donnerkeil.

Während des zweiten Neujahrsfestes, das ich in Tibet erlebte, gab es einen Todesfall: Der Vater des jungen Gottkönigs war gestorben. Man hatte zuvor alles versucht, um ihn am Leben zu erhalten, Mönche und Medizinmänner waren Tag und Nacht um ihn bemüht, und sie fertigten auch eine Puppe an, in die seine Krankheit hineingezaubert wurde. Unter großen Zeremonien verbrannte man sie am Fluß, aber leider half auch diese alte Art der Krankheitsaustreibung nichts, und er mußte sterben. Der Leichnam wurde wie üblich außerhalb der Stadt an einen heiligen Ort gebracht, zerteilt und an die Vögel und Hunde verfüttert. Große Trauer um den Toten in unserem Sinne gab es nicht, denn der Gedanke an eine Wiedergeburt war tröstlich. Neunundvierzig Tage wurden Butterlampen gebrannt, und seine Eßschale wurde bis zum neunundvierzigsten Tag nach seinem Tode mit Buttertee oder Bier angefüllt. Im Gegensatz zur Anschauung der Wiedergeburt standen die brauchtümlichen Übungen; sie erwiesen die Andersartigkeit von Buddhismus, Tantrismus und Traditionen der Bön-Religion. Da manche Geister der

Verstorbenen den Lebenden immer wieder Unbehagen bereiten, gibt es Riten, um sie zu verbannen und ihre Rückkehr zu verhindern. Man sagte beispielsweise dem Toten, bevor er aus dem Haus getragen wurde, daß er nun gestorben sei und nicht mehr wiederkommen möchte, und um dies mit allen Mitteln zu verhüten, band man ihm seine Glieder mit Stricken zusammen. Ein Totengeist kann immer bösartig sein, und seine Rückkehr gibt Anlaß zu Verdruß; sei es wegen seiner Boshaftigkeit oder weil er nachschauen will, was mit seinem Besitz geschehen ist. In beiden Fällen ist seine Erscheinung nicht angenehm oder erwünscht. So weiß man nur eine Möglichkeit, um sein Wiedererscheinen zu verhindern, indem man den Geist verbrennt. Andererseits gedenkt man des Fortgangs eines Familienmitgliedes in Ehrerbietung. Man soll ihm dienen und die Liebe erweisen, die ihn auch im anderen Leben erhöht und Würde verleiht. Diesem Streben wird vielfältiger Ausdruck verliehen.

Es gibt vierkantige Holzmodeln, in deren Längsseiten kleine menschliche Figuren, Tiere und Symbole geschnitzt sind. Aus Teig formt man mit diesen Modeln kleine Bildnisse, bunt bemalt, aus gefärbter Butter, und außerdem fertigt man eine Puppe aus den Kleidern und einem Bild des Toten an, die den gefesselten Verstorbenen verkörpern soll, und auch dieser Puppe wird Essen und Trinken hingestellt. Zu all diesen Riten der Austreibung oder des Geleites von Totengeistern ist ein großes Aufgebot von Lamas nötig. Nicht weniger als acht nehmen an der Verbrennungszeremonie teil. Man legt die Puppe und die kleine Modelfigur außerhalb des Hauses in einen magischen Kreis und außen herum alle erdenklichen Opfergaben. Nahrungsmittel, Halbedelsteine, Zweige, Blätter, Gift, Stoffstückchen, Münzen und hundert andere Dinge. Man gießt Öl darüber und steckt alles zusammen in Brand. Die Lamas beten ohne Pause ihre Litaneien und werfen zuletzt den Namen des Toten, auf ein Stück Papier geschrieben, in die Flammen. Nun ist der Totengeist befriedigt und wird die Hinterbliebenen nicht mehr fordern oder ihnen zur Last fallen.

Neben dem Palast des Vaters des Dalai-Lama, dem Yabschi-Sarpa, wurde ein Tigerführer, aus Stroh und Lehm geformt, zum Schutz gegen die Totengeister aufgestellt. Schon im alten China galt der Tiger als Feind der Dämonen, und man findet ihn abwehrend an der Schwelle des neuen Jahres. Der Tigerbändiger in Tibet ist als buntes Wandbild an der linken Tempeleingangsseite gemalt und zeigt einen Mongolen, der einen Tiger an der Kette führt, während er selber mit seinen Füßen auf zwei Leichen steht. Man kennt auch in Tibet den Tigerführer, der das Reich der Götter bewacht und neben dem ein anderer abwehrender Gott mit einem Jakochsen steht.

Wenn jemand unglücklich war, eine Pechsträhne ihn verfolgte, oder wenn er sich von den Erddämonen angegriffen fühlte, dann klebte er an seine Hauswand eine papierene Glücksfahne, oder er hing sie sich klein zusammengefaltet als Amulett um den Hals.

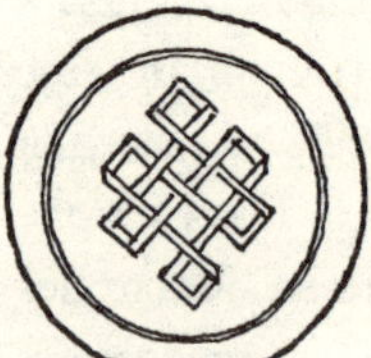

Auf diesem viereckigen Papier gedruckt sah man abwehrende und schützende, aber vor allem glückverheißende Symbole: den Garuda, einen Pfau, einen Elefanten, die acht Glückssymbole, darunter den *Glücksknoten*, und in der Mitte einen *doppelt gekreuzten Donnerkeil*. In der rechten unteren Ecke sah man als Glücksbringer und Talisman die Darstellung des Windpferdes, das auf dem Rücken ein Juwel trägt. Dem Windpferd werden große Fähigkeiten zugesprochen. Es soll sich bis zu den Sternen erheben können, um die bösen Einflüsse abzuwehren. So versteht man, daß man das Pferd neben den frommen Sprüchen auf den Gebetsfahnen aufgedruckt findet.

Gelte es nur ein einziges typisches Wahrzeichen Tibets zu nennen, man würde wahrscheinlich die Gebetsfahnen auswählen. Denn an allen Häusern und Tempeln, an gefährlichen Stellen wie Bergpässen und Brücken flattern diese bunten Fähnchen im Wind. Am besten gefielen sie mir im Frühling, wenn die Bauern ihre Felder bestellten und sie an den Hörnern ihrer schweren Jaks wehten, überall um Böses abzuwehren und Schutz zu erbitten. Wenn Peter Aufschnaiter und ich auf unserer Flucht manchmal die reißenden Flüsse über vereiste Brücken, auf denen es kein Geländer gab, auf dem Bauch kriechend überqueren mußten, so waren immer Gebetsfahnen an Stangen, Büschen oder Bäumen als Schutz an den Brückenpfeilern angebracht, die dem Wanderer Vertrauen schenkten — und uns auch.

⋆

Das Neujahrsfest ist bei den Tibetern das größte Ereignis des Jahres. Alle Arbeit ruht, und ein Festrummel ohnegleichen spielt sich wochenlang in den Straßen der Stadt Lhasa ab. Die tibetische Bevölkerung ißt in diesen Tagen eine segenbringende und Orakel zeugende Suppe, Gu-tug genannt, die aus neun Zutaten hergestellt wird. Sie enthält Teigknödel, in die acht unterschiedliche Gegenstände hineingeknetet werden, zum Beispiel ein Wollfaden, eine Münze, ein kleiner Halbedelstein, und alle haben für denjenigen, der diese Einlage in seinem Knödel findet, eine bestimmte Bedeutung. So besagen die Wollfäden Sanftmut, Scherben Gefräßigkeit und Faulheit, Holzkohle eine düstere Seele, halbrunde Teigstücke als Sonne und Mond gute Vorzeichen, Paprika Streitsucht, Salz Hilfsbereitschaft, Teig in Buchform Frömmigkeit und Dornen Rauflust. Nach der Mahlzeit legen sie alle Gegenstände in eine Pfanne und werfen sie dann mit der Figur einer Dämonin weg, für die vielen Hunde ein willkommener Fraß.

Mit der Zahl neun in Zusammenhang stehen die »Neun eßbaren Zauberspeisen«. Es ist eine Kulthandlung, bei der man Bier in neun Schlucken trinken muß. Zauberspeise und Bier schützen dann vor bösen Dämonen und Infektionskrankheiten. Bei all diesen Riten spielen stets Safran und Zucker, in einer Weihwasserkanne aufbewahrt, eine Rolle. Man gießt es über die Opfergaben, und als besonders heilig gilt das Wasser, wenn es über einen Spiegel gegossen wurde, in dem sich Bilder von Buddha spiegelten, deren Essenz dann im Wasser enthalten sein soll.

Die eigenartige Sitte der tibetischen Frauen, sich ihr Gesicht mit einem braunroten Pflanzenextrakt anzumalen, hat durch verschiedene Forscher die unterschiedlichsten Deutungen gefunden. Daß die Frauen es als Schutz gegen die ausschweifenden Mönche tun mußten, um häßlich auszusehen, scheint mir unwahrscheinlich. Ich habe selbst in Lhasa gesehen, daß junge Frauen sich ein feines Netz wie eine Schablone auf die Haut legten, Farbe darüberstrichen und mit diesem Muster im Gesicht oft ganz lustig und nett aussahen. Ich glaube, daß das Bemalen in manchen Fällen eine ausgesprochene Abwehrmaßnahme gegen Geister und den bösen Blick sein soll. Diese Deutung ist für den Brauch, Gesichter von kleinen Kindern zu bemalen, wohl die zutreffende. Hinzu kommt ganz bestimmt der kosmetische Grund, die Haut vor den rauhen Winden des Hochlandes und der oft sengenden Sonne zu schützen. Der Wunsch jeder Tibeterin ist es, eine möglichst helle Haut zu besitzen, und verständnislos schauten sie Bilder an, auf denen Europäerinnen sich in der Sonne bräunen ließen. Dieses Streben, das Äußere wesentlich zu verändern, finden wir bei vielen Völkern der Erde. Ich erinnere nur an die Tätowierungen der Indianer, der Maori usw., an die rote Urukupaste der Xingu-Indianer und die erdfarbene Bemalung der Papua auf Neuguinea, deren liebste Farbe Schwarz war. Man trocknete hier eine bestimmte Gräserart, verbrannte sie, und der Ruß wurde mit Schweineschmalz vermischt auf das Gesicht geschmiert. Ruß mit Schweineschmalz rieben sich auch die tibetischen Mönchssoldaten, die Dob-Dob, ins Gesicht. Vor allem unterstrichen sie ihre Augen dick mit der schwarzen Farbe, was ihnen ein wildes Aussehen gab. Auf meine Frage, warum sie gerade die untere Augenpartie so dick beschmierten, antwortete mir ein Dob-Dob, falls sie einmal kämpfen müßten, würde sie die Sonne nicht so blenden.

Hand, Fuß und Zunge gelten bei den Tibetern als Sitz der Vitalität. Abbildungen und Abdrücke werden daher für magische Zwecke benutzt. Auch das Herausstecken der Zunge bei dem in der ganzen Welt bekannten *tibetischen Gruß* hat ursprünglich wohl magischen Sinn. Oft habe ich bei den Tibetern beobachtet, daß sie noch zusätzlich den Atem einsogen, um, wie sie mir erklärten, bei der Unterhaltung nicht die Luft zu verpesten. Zu der herausgestreckten Zunge gehörte immer die Geste der nach oben gedrehten Handflächen. Beides ist in erster Linie Schutz und Abwehr. Daneben gibt es noch die einleuchtende Deutung der geöffneten Handflächen als Zeichen der Friedfertigkeit und Freundschaft. Man wollte dem zu Begrüßenden zeigen, daß man unbewaffnet ist. Hohn und Spott, wie bei uns, ist

das Herausstrecken der Zunge bei den Tibetern nie. Es ist aber ebensowenig eine Gebärde der Unterwürfigkeit, denn auch hochgestellte Persönlichkeiten benutzen diese Begrüßungsformel. Für uns Europäer ist sie einfach unverständlich, es sei denn, daß sie mit einer anderen Gebärde oder Körperhaltung verbunden ist, die den Ausdruck verständlich machten. Ich konnte einmal einen Buben fotografieren, wie er mit dem *Zungengruß* grüßte. Alles an ihm drückte Bescheidenheit, Zurückhaltung, aber auch ehrfürchtige Hochachtung aus. Dabei schien mir das Herausstrecken der Zunge gar nicht zum natürlichen Ausdrucksgeschehen zu passen.

In vielen Teilen der Erde begegnete ich der herausgestreckten Zunge als aggressiver Spott- und Drohgebärde. So zum Beispiel bei den Maori auf Neuseeland, die mit fürchterlichem Gebrüll die Zunge herausstreckten und damit den bösen Mächten durch die Herausforderung Hohn und Mut zeigen wollten. Auch bei den Bergpapua habe ich Ähnliches beobachtet. Aber gerade bei den Maori finden sich immer wieder *Bilder und Skulpturen,* die einen menschlichen Kopf oder ein vom menschlichen Antlitz abgeleitetes Ornament darstellen und deren wesentliches Merkmal die heraushängende Zunge ist; so auf *Schilden* und als Hauszeichen.

Als ich in Indien herumreiste, beobachtete ich in Neu Delhi an den Wänden und Balkonen fast aller Neubauten *Tontöpfe,* deren untere Seite wie ein Gesicht bemalt war, aus dessen Mund eine leuchtend rote Zunge hing. Da die rote Farbe eine magisch abwehrende Wirkung hat, ist die Abwehrkraft dieser Töpfe eine doppelte. Ich wollte unbedingt solch einen Topf fotografieren. Da ich

Rechte Seite:
Der tibetische »Tsi-pa« (Zauberer, Wahrsager) fertigt aus Fäden eine Geisterfalle an. Neben einem Hundeschädel am Dorfeingang aufgestellt, sollen sich in ihr die bösen Dämonen der Luft und der Erde verfangen.

keinen Menschen entdeckte, ging ich durch den Hinterhof zu dem Balkon mit dem Abwehrzeichen. Ich hatte gerade meine Kamera bereit, als plötzlich eine junge Inderin hinter mir stand, die mir auf meine Entschuldigung und Erklärung entsetzt bedeutete, sie sei eine moderne, aufgeklärte Frau und habe nichts mit dem Aberglauben dieser Fratze zu tun. Sie sei nur auf das Drängen der Handwerker hier, die am Neubau arbeiteten. Vor Wochen sei ein kleines Kind vom Gerüst gefallen und habe sich schwer verletzt. Die Schuld habe man ihr gegeben, da sie keinen abwehrenden Tontopf an der Wand geduldet habe. In nicht ganz sicherem Ton sagte sie immer wieder: immerhin ginge es um ein Menschenleben, und deshalb habe sie den Arbeitern den Wunsch erfüllt und den Topf am Balkon anbringen lassen. Jetzt aber seien die Arbeiten fertig, und ich könne den Topf gern mitnehmen. Sie sei sogar froh darüber, nur müsse ich versprechen, nirgends zu erzählen, daß sie etwas damit zu tun habe.

In Indien werden einige der furchtbaren Götter mit herausgestreckter Zunge dargestellt, so die Göttin Kali. An der Malabarküste entdeckte Frobenius in Valukavu einen Durgatempel, dessen einzige Verzierung außen *Firstreiter* waren. Der vordere, angebracht wie ein Giebelbrett, war ein stilisiertes Antlitz mit weit heraushängender Zunge. Erinnern wir uns an den blutigen Durga-Kult, so liegt jene Deutung nahe, die in dieser Maske den »Opferblutdurst« der sonst so hilfreichen Göttin Durga

Linke Seite:
Ein mit Kaurischnecken, dem Symbol der Weiblichkeit, und Vögeln besetzter Baum bei einer Kulthandlung der Mikir in Assam an der indisch-burmesischen Grenze. Die Mikir waren, wie die mit ihnen verwandten Naga, früher Kopfjäger.

dargestellt sieht. Immer begegneten mir Vorstellungen, nach denen alles Außer- oder Überirdische, alles Außermenschlich-Geheimnisvolle gewissermaßen doppelpolig wirksam ist: einmal im Guten, einmal im Schlechten. Gerade bei großen Muttergottheiten spiegelte sich dieses Erlebnis in krasser Weise in bestimmten Mythenmotiven und Kultformen, die neben dem Zug der Milde, Güte, Fürsorge auch den Zug zum Grausamen, Blutrünstigen und Verheerenden aufwiesen. Vielleicht ist durch das Giebelzeichen auf jenem schlichten Tempel der Durga gerade dieser dunkle Aspekt der Muttergöttin symbolisiert.

Ähnlich wie dieses Durga-Antlitz kann auch das Antlitz der Medusa im antiken Mittelmeerraum interpretiert werden.

Medusa ist ein grausiges weibliches Ungeheuer mit herausquellenden Augen und herausgetriebener Zunge. Die Sage berichtet, daß sie geköpft wurde. Erfolgte dieses Kopfabschneiden langsam, wie es bei manchen rituellen Menschenopfern üblich war, dann verzerrt sich das Menschenantlitz in der Art, wie wir es bei vielen dieser Antlitze kennenlernten.

Im Bereich der gelben Kirche – des Lamaismus – kennen wir Götter und Göttinnen, die mit Raubtierzähnen, herausquellenden Augen und bleckender Zunge dargestellt werden: die furchtbare Lhamo, ein Wort, das schlechthin die »Göttin« bedeutet; sie reitet auf einem Pferd und benützt als Reitdecke die Haut eines Menschen mit Kopf, dann der auf einem sterbenden Stier tanzende Todesgott Yama und der tausendarmige schreckliche Gott Yamantaka, der einen Schurz aus Menschenköpfen trägt.

EIN MENSCH WIRD GEOPFERT

Leider gelang es mir trotz vieler Versuche nicht, einen der Nagastämme an der Nordostgrenze Indiens gegen Burma zu besuchen. Ich bekam keine Genehmigung, um bei diesen Stämmen, die nach wie vor als Kopfjäger gelten, zu fotografieren. Ich wußte, daß Professor Fürer-Haimendorf, der große Kenner der primitiven Stämme Indiens, Bilder von Giebelzeichen gemacht hatte. In einem Brief versicherte er mir aber, daß die Giebelzeichen der Naga keinerlei Abwehrfunktionen haben. Allerdings befestigen sie an ihren Männerhäusern auch Stierköpfe, Hornvögel und Eidechsen. Einen den Naga verwandten Stamm, die Mikir, lernte ich auf meiner Reise durch Assam doch kennen und konnte bei ihnen an verschiedenen Kulthandlungen teilnehmen. Der interessanteste Gegenstand bei diesen Riten war ein mit Vögeln besetzter Kaurischneckenbaum, der gegenüber Seite 193 abgebildet ist.

Die Verwendung der Kaurischnecke als Amulett und als heilige Gestalt in Ritus und Kult ist darin begründet, daß sie wie viele andere Schnecken und Muscheln ein Symbol des Weiblichen und Mütterlichen und im einzelnen der Empfängnis, der Geburt und der Fruchtbarkeit ist.

So wie wir die Kaurischnecke an den Kultbäumen der Mikir finden, so werden sie bei uns an Pferdegeschirren angebracht oder einzeln als Amulett getragen. In den Mittelmeerländern ziert man mit Kaurischnecken und der ihr ähnlichen, aber viel größeren Pantherschnecke vor allem weibliche Haustiere.

Indien ist ein Land, in dem es an die sechshundert Sprachgruppen, Völker und Stämme gibt; in dem heute noch steinzeitliche Kulturen und westliche Zivilisation des zwanzigsten Jahrhunderts nebeneinander und vermischt existieren. Allein vier Universalreligionen, nämlich Hinduismus, Buddhismus, Islam und Christentum, bestimmen das kulturelle Leben. Hier sind noch ganze Komplexe primitiver Stammes- und Volksreligionen wie der Bön-Religion in Tibet und im Himalajagebiet lebendig. Formen und Traditionen älterer Stifter- und Hochreligionen wie Jinismus und Brahmanismus und Sonderformen wie Tantrismus nehmen in der Vorstellungswelt, in Kult und Ritus, in der Bilder- und Zeichenwelt einen bedeutenden Platz ein. In diesem Subkontinent mit seiner unerhörten Mannigfaltigkeit religiöser und ideologischer Äußerungsformen, in dieser Welt höchsten disziplinierten geistigen Seins wie ebenso undisziplinierter geistiger und geistlicher Verwahrlosung spielen natürlich Magie, Macht-, Geister- und Dämonenglaube eine große Rolle; und zwar in differenzierter wie in primitiver Form.

Als ich gerade bei den Mikir war, erfuhr ich, daß siebzig Kilometer von Udaipur in dem nordwestindischen Unionsstaat Radschasthan ein Menschenopfer gebracht worden war. Ich konnte es fast nicht glauben und fuhr unter den unbequemsten Reiseumständen in das kleine Dorf Mahda, um mich an Ort und Stelle von dem grausigen Geschehen zu überzeugen. Mahda war ein fast idyllisches Dorf von fünfhundert Einwohnern mitten in den Bergen. Die Bevölkerung bestand aus armen Bauern, die dem kargen Boden mühsam den Ertrag abrangen.

Das Gleichmaß und der Friede dieser einfachen fröhlichen Leute wurde im September 1968 ganz plötzlich auf grausame Weise gestört. Es gab nach allen Berichten gar keinen Zweifel, daß der zwölfjährige Khuman Singh geopfert worden war. Er war ein braves Kind mit drei Geschwistern, das die vierte Schulklasse besuchte und in den Ferien an einem Dammbau mithalf. Der Damm, den ich mir genau ansah, war ein lächerlich kleines Bauwerk, das einen Bach stauen sollte, der so klein war, daß er nicht einmal einen Namen trug. Er war aus Sand und Steinblöcken gemacht und nur an der Oberfläche mit etwas Zement zusammengehalten. Der ganze Damm kostete nicht mehr als höchstens 15 000 DM und wäre nach Ansicht der Einwohner nicht einmal das Opfer einer Ziege wert gewesen. Doch der zwölfjährige Khuman Singh wurde geopfert.

Am Tage vor seinem gewaltsamen Tod erzählte er seiner Mutter, daß er am nächsten Tag nicht nach Hause käme, da ein Mann ihm Arbeit für zwölf Rupien, also ungefähr sieben DM, im Monat angeboten habe. Das war die letzte genaue Nachricht. Was man dann noch weiß, waren Bruchstücke von Berichten der Dorfbewohner und des am meisten verdächtigten Mannes, des sogenannten Arbeitgebers. Aber es steht fest, daß sechs Männer mit dem Buben zum Damm gingen, vier sich auf ihn niederknieten, um ihn festzuhalten, der fünfte ihm mit dem Messer die Kehle durchschnitt und ein sechster seine Finger in das herausrinnende Blut steckte und Hakenkreuze auf die Dammsteine malte. Er sammelte noch mehr Blut in Blättern und verspritzte es über den ganzen Damm. Den Körper des Jungen legte man an eine tiefe Stelle im Bach und trug ihn nach zwei Tagen in eine Höhle im Wald, die der »Tigerpalast« heißt. Dreiundvierzig Tage später führte der vermutliche Initiator des Mordes die Polizei dorthin, wo man auch Skelett und Kleider des Buben fand.

Im Juni 1968 hat ein Kaufmann in der indischen Stadt Lar nach Mitteilung der Polizei, um ein großes Vermögen zu erwerben, zum Festtag des Gottes Shiva einen Knaben als Menschenopfer dargebracht. Man entdeckte das Verbrechen, und der Kaufmann wurde verhaftet.

Ebenfalls 1968 geschah es, daß ein fünfundzwanzigjähriger Bantu im südafrikanischen Königreich Lesotho gehäutet und zerstückelt wurde, weil Bewohner eines Dorfes aus seinem Körper eine »Zaubermedizin« gewinnen wollten. Die Zeremonie dauerte eine ganze Nacht. Alle Beteiligten erhielten Teile des zerstückelten Körpers als Zaubermedizin.

Allerdings sind Indien und Afrika nicht die einzigen Länder, in denen auch in unseren Tagen von Fanatikern, Eiferern ein Mensch den bösen Mächten oder einer irren Vorstellung wegen geopfert und hingeschlachtet wird. Die größten und grauenhaftesten Menschenschlächtereien aus ideologischen Gründen fanden im Abendland des zwanzigsten Jahrhunderts statt. Die Tötung eines Menschen aus religiösen Gründen in gläubigem oder abergläubischem Wahn nimmt sich gegen diese Tatsache beinahe harmlos aus, selbst wenn man da auch noch so eigenartige Vergleiche heranzieht wie zum Beispiel die Opferung der 70 000 Kriegsgefangenen zur Weihe des großen Uitzilopochtlitempels Anno 1486 in Mexiko oder die periodischen Opfer, die den mexikanischen Gottheiten des Regens und der Fruchtbarkeit dargebracht wurden. Die Opfer waren Kinder, deren Entsetzensschreie und Weinen die Wirksamkeit der Gottheit anregen sollten.

Sucht man zu ergründen, warum je Menschen im gläubigen Wahn getötet wurden, wird man in die seltsamsten Vorstellungsbereiche stoßen müssen. Im Falle des oben erwähnten Dammopfers in Indien – das im letzten Jahrzehnt nicht das einzige war, das bekannt wurde – lassen sich Parallelen aus allen Erdteilen zum Vergleich heranziehen. So fand man nicht nur in den Fundamenten von Heiligtümern und Palästen des Alten Orients und des prähistorischen Italien menschliche Skelette, sondern auch in Mitteleuropa. Unter der Durchfahrt eines der Stadttore der Keltensiedlung in Manching aus der Zeit um 1000 v. Chr. grub man das Skelett eines Knaben aus, der hier in Hockstellung begraben war. Ähnlich wurden im afrikanischen Galam vor den Haupttoren der Stadt je ein Knabe und ein Mädchen lebendig begraben. Die Dschagga schützten auf ähnliche Weise Flur und Siedlung. Nach einigen mündlichen Mitteilungen über die bis in die jüngste Zeit geübten Bauopfer sollten sich die Geopferten in Geister verwandeln, die Haus und Siedlung bewachen und bei Annäherung von Feinden der sinnlichen wie außersinnlichen Sphäre die Einwohner durch Summen und Dröhnen in der Erde warnen; oder die Opfer sollten die Geister und Gottheiten, die durch die Bauten gestört würden, besänftigen. Vielfach läßt sich aber auch der Glaube feststellen, daß ein Bau oder die Flur, sollen sie Bestand haben, beseelt sein müssen. Die Seele läßt sich aber nur durch ein Blutopfer übertragen. Beispielhaftes Urbild für das Bauopfer wie für die Opfer auf Fluren ist möglicherweise der Schöpfungsmythos, der die Schöpfung aus dem Getötetwerden eines mythischen Urwesens herleitet.

Erklärungen dieser Art sind meist nachträgliche Begründungen. Eine entscheidende Rolle dürfte bei dem sporadischen Aufflackern solcher grauenhaften Riten aber immer die abgründige Veranlagung des Menschen spielen, nach der er durch eine erschütternd grausame Tat als Individuum wie in Gemeinschaft sich psychisch von übermäßigen eingebildeten oder tatsächlich vorhandenen Bedrängnissen zu entlasten sucht. Auch viele Selbstopferungen sind vielfach auf diesen Wahn zurückzuführen.

EIN WORT ZUM SCHLUSS

Die Welt ist voller Wunder – und selbst im Zeitalter der Mondlandung gibt es auf unserer Erde immer noch vieles zu entdecken. Wenn auch Farbe und Lebensweise der Völker verschieden sind, so haben sie im Grunde doch viel Gemeinsames. Eines davon habe ich versucht, in diesem Buch aufzuzeigen: die Beziehung der Menschen zu Geistern und Dämonen in ihrem ewigen Wunsch nach Bewahren des Glücks und Abwehr des Unheils.

Mit Bedacht wählte ich für das Eingangskapitel Goethes Maxime: »Der Aberglaube ist die Poesie des Lebens.« So faszinierend und leicht sie klingt: sie ist die Erkenntnis eines Betrachters, der über den Dingen steht. Ein Befangener würde es nicht so sanft poetisch formulieren. Denn nach allem, was ich in den letzten drei Jahrzehnten erlebt habe, weiß ich, daß Aberglaube etwas ist, das unruhig macht, meist geboren aus der Furcht und der Schwachheit des Menschen. Unwissenheit, Fanatismus und Hilflosigkeit dem Weltgeschehen gegenüber lassen den Menschen leider häufig abergläubisch zu den falschen Mitteln greifen, um ein wahrhaft und ehrlich empfundenes Verlangen zu befriedigen. Wo ist hier die Grenze zwischen Glauben und Aberglauben? Ist Wissenschaft das Mittel gegen jene Auswüchse des Aberglaubens, die nicht davor zurückschrecken, sogar Menschenleben zu opfern? Es ist nicht zu leugnen, daß Wissenschaft und Technik mit dem Bewußtwerden einer neuen Macht einhergehen. Aber zwischen der bloßen Kenntnisnahme bis zur Erkenntnis kann ein Weg von Jahrhunderten liegen. Und diese Unterschiede ergeben jene Vielfalt, die uns über unseren Planeten mit seinen Menschen immer wieder staunen läßt.

LITERATUR

Ahlbrinck, W., Op Zoek naar de Indianen, Amsterdam 1950
Andree, Richard, Ethnographische Parallelen und Vergleiche, 1. Bd. Stuttgart 1878, 2. Bd. Stuttgart 1889
Bleichsteiner, Robert, Die Gelbe Kirche, Wien 1937
Chang Yung-Shin, Aboriginal Art of Taiwan, Taipei 1964
Frobenins, Leo, Indische Reise, Berlin 1931
Fürer-Haimendorf, Christoph von, die Religionen der Primitivvölker, in: Die Religionen Indiens Bd. III (= Christel Matthias Schröder, Die Religionen der Menschheit, Bd. 13) Stuttgart 1964, Seite 243–293
Hansmann, Liselotte und Lenz Kriss-Rettenbeck, Amulett und Talisman, München 1966
Harrer, Heinrich, Sieben Jahre in Tibet. Mein Leben am Hofe des Dalai Lama, Berlin 1966
Harrer, Heinrich, Ich komme aus der Steinzeit. Ewiges Eis im Dschungel der Südsee, Berlin 1963
Harrer, Heinrich, Huka-Huka. Bei den Xingu-Indianern im Amazonasgebiet, Berlin 1968
Herrmann, Ferdinand, Symbolik in den Religionen der Naturvölker, Stuttgart 1961
Hoffmann, Helmut, Quellen zur Geschichte der tibetischen Bon-Religion, Mainz 1950
Hummel, Siegbert, Eurasiatische Traditionen in der Tibetischen Bon-Religion, 1959
Hummel, Siegbert, Der Hund in der religiösen Vorstellungswelt des Tibeters, Paideuma, Bd. VII, Heft 7, Juli 1961
Hummel, Siegbert, Geschichte der tibetischen Kunst, Leipzig 1953

Hummel, Siegbert, Die lamaistische Kunst in der Umwelt von Tibet, Leipzig 1955

Jensen, Adolf E., Mythos und Kult bei Naturvölkern. Studien zur Kulturkunde, Bd. 10, Wiesbaden 1951

Johnson Meyer, Pamela, Foxes Foretell The Future in Mali's Dagon Country, Washington D. C., The National Geographic-Society, March 1969

Kopler, Nikolaus, Votivbilder aus dem östlichen Nordtirol, Innsbruck 1966

Kriss-Rettenbeck, Lenz, Bilder und Zeichen religiösen Volksglaubens, München 1963

Kriss, Rudolf, und Heinrich Kriss, Volksglaube im Bereich des Islam, 2 Bde., Wiesbaden 1960/62

Marzell, Heinrich, Zauberpflanzen, Hexentränke, Stuttgart 1963

Mayokok, Robert, Eskimo Customs, Nome 1951

Megas, George A., Greek Calendar Customs, Athen 1963

Morton, Friedrich, Hallstatt und die Hallstattzeit, Hallstatt 1953

Nevermann, Hans, Die Religionen der Südsee, in: Die Religionen der Südsee und Indonesiens (= Christel Matthias Schröder, Die Religionen der Menschheit, Bd. 5,2) Stuttgart 1965, Seite 1–124

Olschak, Blanche C., Die Fußspuren und Handzeichen Buddhas, Separatdruck aus »Image«, Medizinische Bilddokumentation Roche

Phillips, W. T., Maori Life and Custom, Wellington 1966

Sätzle, Karl, Tier und Mensch, Gottheit und Dämon. Das Tier in der Geistesgeschichte der Menschheit, München 1965

Stack, Edward, The Mikirs, London 1908

Steinen, Karl v. d., Unter den Naturvölkern Zentral-Brasiliens, Berlin 1894

Stöhr, Waldemar, und Piet Zoetmulder, Die Religionen Indonesiens (= Christel Matthias Schröder, Die Religionen der Menschheit, Bd. 5,1) Stuttgart 1965

Vollath, Koloman, und Alois Hergonth, »Giebelzeichen«, Schutz für Haus und Familie, Wien 1963

Wolfram, Richard, Die gekreuzten Pferdeköpfe als Giebelzeichen, Wien, Veröffentlichungen des Instituts für Völkerkunde an der Universität Wien, Bd. 3, 1968

Zerries, Otto, Die Religionen der Naturvölker Südamerikas und Westindiens, in: Die Religionen des alten Amerika von W. Krickeberg, H. Trimborn, W. Müller, O. Zerries, Stuttgart 1961

REGISTER

BILDNACHWEIS:

Alle Aufnahmen stammen vom Verfasser.